O LÍDER INTELIGENTE

John Mattone

O LÍDER INTELIGENTE

Os 7 segredos para liderar com excelência e deixar a sua marca

Tradução
Cristina Yamagami

Benvirá

Copyright © 2020 by John Wiley & Sons, Inc.
Título original: *The Intelligent Leader*
Todos os direitos reservados. Esta tradução foi publicada conforme acordo com a editora original, John Wiley & Sons, Inc.

Direção executiva Flávia Alves Bravin
Direção editorial Renata Pascual Müller
Gerência editorial Fernando Penteado
Edição Tatiana Vieira Allegro
Produção Verônica Pivisan Reis

Preparação Paula Carvalho
Revisão Carmem Becker
Diagramação NSM Produções
Capa Tiago Dela Rosa
Imagem de capa iStock / Getty Images Plus / tadamichi
Impressão e acabamento Gráfica Paym

Dados Internacionais de Catalogação na Publicação (CIP)
Vagner Rodolfo da Silva - CRB-8/9410

M444l   Mattone, John

O líder inteligente: os 7 segredos para liderar com excelência e deixar a sua marca / John Mattone; tradução de Cristina Yamagami. – São Paulo: Benvirá, 2021.
208 p.

ISBN: 978-65-5810-009-6
Título original: The Intelligent Leader

1. Liderança. 2. Gestão. 3. Desenvolvimento profissional. I. Yamagami, Cristina. II. Título

2021-140   CDD 658.4092
                        CDU 65.012.41

Índices para catálogo sistemático:
1. Liderança : Gestão 658.4092
2. Liderança : Gestão 65.012.41

1ª edição, março de 2021

Nenhuma parte desta publicação poderá ser reproduzida por qualquer meio ou forma sem a prévia autorização da Saraiva Educação. A violação dos direitos autorais é crime estabelecido na Lei n. 9.610/98 e punido pelo artigo 184 do Código Penal.

Todos os direitos reservados à Benvirá, um selo da Saraiva Educação.
Av. Paulista, 901, 3º andar
Bela Vista - São Paulo - SP - CEP: 01311-100

SAC: sac.sets@somoseducacao.com.br

Para Marshall, por todas as suas contribuições ao mundo do coaching, da liderança e muito mais, e por ser uma tremenda fonte de inspiração para mim.

Sumário

Prefácio, por Marshall Goldsmith 11

Apresentação: Por que é importante nos aprofundarmos 13

Introdução: você tem o necessário para inspirar as pessoas a seguir o seu exemplo? 17

1 | Conhece-te a ti mesmo 27

    Entenda o porquê das coisas 29
    Quão forte é o seu caráter? 30
    Valores: quais são os seus critérios na vida 34
    Cuidado com as lacunas 36
    Quem você pensa que é? 37
    Acredite se quiser... 38
    A ponte para o núcleo externo 41
    Juntando tudo: o Prisma da Liderança Inteligente 43
    Finja até conseguir 45

2 | Pense diferente, pense grande 47

    Seja um criador de tendências 50
    Tenha uma visão grandiosa... 52
    Você pensa grande?... 54
    Comece com o fim em mente 58
    Não deixe que sua visão grandiosa lhe suba à cabeça................. 61
    Exercício: desenvolva sua declaração de propósito central......... 62

3 | Decida ser vulnerável... 67

    Tome a decisão de ser vulnerável.. 69
    O portal para a mudança.. 70
    Vulnerabilidade e os resultados financeiros................................. 73
    Admita seus defeitos para gerar confiança 75
    Crie uma cultura de vulnerabilidade 77
    É possível ser humilde demais?... 80
    Pratique a vulnerabilidade 81

4 | Cultive a mentalidade de dever... 85

    O mundo não deve nada a ninguém... 89
    Mentalidade de dever: tudo é uma questão de contexto 92
    De contratempos a oportunidades: pare de achar que você é
    uma vítima 94
    As três primeiras dimensões: leve três, pague uma 96
    Não se esqueça de colocar sua máscara de oxigênio primeiro ... 97
    Como cultivar a mentalidade de dever 98

5 | Alavanque seus talentos e elimine suas lacunas 103

    Aplicando a mentalidade da excelência na liderança................. 106

O viés da negatividade 107
Fique de olho nas lacunas 112
Caminhe em direção à perfeição 114
Atinja o equilíbrio certo 115
Concentre-se no alvo enquanto avança 116

6 | Tenha a coragem de agir com orgulho, paixão e precisão .. 121

Saia da sua zona de conforto 122
Cultive a coragem apesar da resistência 123
As três qualidades da ação corajosa 124
É preciso ter coragem para mudar 129
O catalisador definitivo 131
Não se limite a agir; aja com inteligência 133
Torne-se uma pessoa corajosa 134

7 | Esteja presente e atento 139

Vá devagar para ir rápido 141
Conscientize-se das consequências de suas ações 144
Esteja presente ao interagir com as pessoas 146
É preciso ter coragem para estar presente 147
Pense, mas não pense demais 149
A matriz da Liderança Inteligente 149
Pratique a presença 150

8 | Ajuste seu rumo 155

A psicologia do ajuste 158
Uma cultura de inovação 164
Não corrija demais 166
A dimensão definitiva 166

Como corrigir o seu rumo 167

9 | Você não é o centro do mundo: liderança e cultura são inseparáveis 171

Tudo começa no topo 174
Incentive a inovação 176
A vulnerabilidade é contagiante 177
Uma cultura de dever 179
Uma cultura que amplifica 181
Crie uma cultura de ação corajosa 182
Ajude todos a remar na mesma direção 183
Ajuste o rumo do grupo 185
Você é um exemplo para todos 186

10 | Conclusão: o paradoxo da mudança 189

Transforme o novo em uma realidade 190
O Líder Inteligente: uma visualização guiada 193
Qual será o seu legado? 195

Agradecimentos 199

Sobre o autor 203

Prefácio

Não importa se você é um gestor ou executivo experiente em busca de aprimorar sua liderança ou alguém que deseja se tornar um líder no futuro, você não encontrará ninguém melhor do que John Mattone para guiá-lo nessa jornada. John é um dos coaches executivos mais respeitados da atualidade e um pioneiro no desenvolvimento da liderança. Ele ajudou alguns dos líderes mais influentes do mundo a atingir seu potencial e pode fazer o mesmo por você, se permitir.

O que torna a abordagem de John para o desenvolvimento de liderança tão especial – e poderosa – é sua ênfase no que ele chama de "núcleo interno", um novo termo para se referir a bons e velhos conceitos como caráter, valores e crenças. Ele é firme em sua convicção de que a verdadeira excelência na liderança começa de dentro para fora. Para isso é necessário coragem. É necessário vulnerabilidade. É necessário ousadia. A liderança é muito mais do que um apanhado de técnicas interessantes ou ideias inspiradoras. É fruto de um trabalho profundo realizado no nível do coração e da alma.

O líder inteligente pode ser o livro mais importante de John até o momento. Aqui, ele esmiúça seu trabalho com milhares de clientes ao longo dos anos em uma exploração acessível, afetuosa e intimista das qualidades necessárias para liderar, empoderar e inspirar pessoas. O livro apresenta as sete dimensões da Liderança Inteligente, desenvolvidas pelo autor, que são, ao mesmo tempo, as qualidades universais de uma liderança excelente e os princípios práticos que você pode usar para crescer. Apesar de ser inspirado no trabalho de John com executivos, este é muito mais do que um livro de negócios. Como John deixa claro, todos nós temos um potencial de liderança, e cultivá-lo nos ajudará a ter uma vida mais influente, gratificante e enriquecedora.

Antes de embarcar na leitura deste livro, segue meu conselho para você: tenha em mente que não é fácil mudar. Costuma levar mais tempo do que imaginamos e pode ser um processo duro. Não se limite a ler o livro, coloque os ensinamentos em prática. Pegue as ferramentas que ele oferece e assuma o controle do seu sucesso. Lembre-se de que a verdadeira mudança não é um evento isolado, mas sim um processo que requer esforço. Ser um líder autêntico por dentro e por fora é resultado do trabalho de uma vida inteira!

A vida é boa.
Marshall Goldsmith

Apresentação: Por que é importante nos aprofundarmos

Desde 2013, quando publiquei *Intelligent Leadership*, muita coisa mudou – tanto na minha vida pessoal e profissional quanto no mundo. Tem sido uma grande honra ver o aumento do interesse no meu trabalho, especificamente no modelo da Liderança Inteligente. Trabalhei com empresas (grandes e pequenas) e executivos (famosos e desconhecidos) de quase todos os continentes. Dei palestras em conferências e para conselhos de administração. Cheguei a ser nomeado um dos melhores coaches executivos do mundo. Não estou dizendo isso para me gabar do meu sucesso ou para impressionar você. O que eu quero dizer é que, para mim, a crescente popularidade do meu trabalho reflete menos a minha pessoa e mais a situação atual da liderança no mundo.

Uma das coisas que faz com que o conceito da Liderança Inteligente seja único é a ênfase no trabalho interior necessário para desenvolver as capacidades de liderança. Descobri que, para atingir os resultados que a maioria dos líderes busca (como melhor desempenho, evolução profissional, sucesso na vida e no trabalho e um legado duradouro), é preciso ter coragem para dar uma bela olhada no espelho e começar a descobrir exatamente o que os leva a ser quem eles são. Todos os líderes devem trabalhar para encontrar sua luz interior e fazer com que ela brilhe em todas as dimensões de sua vida. É o que exploraremos em profundidade nas próximas páginas.

Descobri que essa abordagem profunda está, em grande parte, ausente nos círculos de liderança dos dias de hoje. Muitas pessoas não dedicam o tempo necessário ou não têm o conhecimento nem o interesse para fazer uma verdadeira exploração de seu mundo interior. Elas tendem a pular isso tudo para chegar logo à parte rápida, fácil e voltada aos resultados. Só que, ao fazer isso, ignoram a importância desse tipo de autoconhecimento para melhorar sua capacidade de liderar. Todos os grandes líderes que conheci sabem disso. E acredito que é isso que os leva a atingir a excelência na liderança.

Sinceramente, acho que essa demanda por profundidade é a essência da "lacuna de liderança" sobre a qual tantos autores têm escrito nas últimas décadas. Integrantes de toda uma geração de líderes, pessoas da minha idade (tenho 62 anos) ou mais, não deram ênfase suficiente ao autoconhecimento, e por um bom motivo. Eles estiveram focados em construir e garantir o crescimento de empresas, em fazer o trabalho necessário e em entregar resultados para as muitas pessoas que dependem deles. Muitos desses grandes homens e mulheres aprenderam suas lições de liderança no decorrer de uma vida inteira de experiência, mas desconhecem a linguagem ou as ferramentas para transmitir à próxima geração esse conhecimento implícito. Os aspirantes a líder de hoje, das gerações X e Y, são muito mais abertos ao tipo de trabalho interior que ocupa o centro do método da Liderança Inteligente, mas não têm quem os ensine. Não há manuais suficientes para ajudar os líderes potenciais a se preparar, no nível do coração, da mente e da alma, para o trabalho que a excelência na liderança realmente requer.

É por isso que eu quis escrever este livro. Concebi *O líder inteligente* para ser um guia que mostre ao leitor a verdadeira essência da jornada da liderança. Meu primeiro livro sobre esse método foi uma tentativa de apresentar ao mundo o trabalho que tenho feito para integrar o eneagrama a uma ferramenta de liderança que chamo de Inventário do Eneagrama de Liderança de Mattone. Nele, o leitor pode encontrar vários exercícios e atividades para explorar seus pontos fortes e fracos como ser humano e como líder. O livro tem ajudado muitas pessoas, mas, desde sua publicação, novos princípios se revelaram em meu trabalho. Comecei a ver padrões surgindo nos vários líderes com quem trabalhei e, com base nesses padrões, acredito que estou começando a ver com clareza a verdadeira essência da excelência na liderança, tanto sua sensação interna quanto sua aparência externa.

Em *O líder inteligente*, ensinarei tudo isso a você, leitor. Este livro foi escrito para guiá-lo em uma jornada ao centro da liderança, explorando suas várias dimensões, e acompanhá-lo enquanto você olha através de sua alma e de sua personalidade, para ver o mundo dessa nova perspectiva. Se eu conseguir atingir meu objetivo, você terá uma experiência direta de como é a excelência na liderança, de dentro para fora, para que tenha uma ideia do que almeja e do que precisa fazer para chegar lá.

O mundo de hoje precisa de líderes que tenham esse novo tipo de inteligência. Eles precisam conhecer a dinâmica sutil do coração, da mente e da alma humana, começando por eles próprios. Precisam ter raízes profundas no autoconhecimento e desenvolver a habilidade rara, porém possível, de cultivar esse mesmo tipo de raiz nas pessoas. Você poderia chamar isso de "liderança esclarecida" ou "liderança profunda", mas eu prefiro "inteligente". A ideia é mostrar quão experiente você pode se tornar se dedicar o tempo necessário para aprender essa abordagem.

Acredito firmemente que esse tipo de Liderança Inteligente não é um luxo, mas um requisito para os líderes de hoje. E é uma honra poder revelar o que considero serem os segredos para que você se torne o excelente líder que pode ser.

Introdução: você tem o necessário para inspirar as pessoas a seguir o seu exemplo?

Quando você pensa na palavra "líder", o que lhe vem à mente? Talvez imagine alguém poderoso ou inspirador. Pode ser uma pessoa que sempre parece estar um passo à frente dos outros. Você pode pensar em alguma pessoa específica, como uma celebridade ou um conhecido. Pode até pensar em si mesmo.

A verdade é que a liderança pode assumir muitas formas e se mostrar de várias maneiras diferentes. Mas encontrar um *verdadeiro* líder é como achar uma pedra rara – não acontece todo dia. Veja bem, embora a ideia de *ser* um líder seja empolgante para as pessoas, muitas vezes elas só estão interessadas nos benefícios que a liderança pode trazer para elas. Podem querer poder, controle, riqueza, aplausos ou status. Mas os verdadeiros líderes que encontrei na vida são pessoas que veem a liderança não como algo que pode beneficiá-las, mas como uma obrigação para com os outros.

É por isso que a minha definição favorita de liderança, e que você pode encontrar no dicionário, é a seguinte: "um exemplo a ser seguido pelos outros". Uma característica que define alguns dos melhores líderes que tive o privilégio de conhecer é que eles planejam sua vida em torno desse senso de obrigação para com os outros. Por saber que as pessoas contam com eles e seguem seu exemplo, esses líderes buscam melhorar como seres humanos. Esse é o segredo simples e nada glamoroso para se tornar um líder espetacular, e poucas pessoas se dispõem a assumir tamanha responsabilidade. Acho que essa é uma das principais causas da lacuna de liderança que tem levado a tantas discussões no mundo dos negócios nos dias de hoje.

Mas não quero desanimá-lo. Na verdade, vejo o desafio de se tornar um líder excelente como uma grande oportunidade. Os melhores líderes não são necessariamente pessoas que nasceram com algum "dom" especial. Eles tomaram a decisão consciente de assumir a enorme responsabilidade de se tornar um exemplo para os outros. E você também pode fazer isso. Qualquer um pode. Vestir o manto da liderança é uma escolha que qualquer pessoa pode fazer. A excelência nessa posição é uma habilidade que pode ser desenvolvida. Essa é a essência do que eu chamo de "Liderança Inteligente".

Se você realmente quer evoluir como líder e se sente confortável em ser um exemplo que as pessoas vão seguir, este livro lhe mostrará um caminho para atingir esse objetivo. A abordagem que apresento aqui se baseia em pesquisas, tanto formais quanto informais, que conduzi no decorrer de décadas atuando como psicólogo organizacional e coach de liderança. Trabalhei com alguns dos melhores líderes do mundo dos negócios, alguns famosos e outros relativamente desconhecidos, e desenvolvi uma abordagem de liderança que qualquer pessoa pode usar para se tornar um líder – e um ser humano – verdadeiramente excelente.

Exploraremos em profundidade a Liderança Inteligente nos capítulos a seguir, mas gostaria de começar explicando exatamente o que quero dizer com "excelência na liderança".

Identifique o objetivo

Ao tentar atingir um objetivo, é importante ter a imagem mais clara possível dele. Assim, antes de prosseguirmos, proponho um pequeno exercício: pense em duas pessoas que considera excelentes exemplos de liderança. Um desses líderes deve ser alguém famoso, como Martin Luther King Jr., Ronald Reagan ou Sheryl Sandberg. Uma pessoa que, a seu ver, representa a verdadeira essência da liderança. O segundo deve ser algum conhecido seu. Pode ser um chefe, mentor, professor, pastor, coach ou familiar. Escolha alguém que você tenha seguido e que o inspirou a fazer mais ou a ser alguém melhor.

Agora que tem seus dois exemplos em mente, reflita sobre o que *faz* com que cada um deles seja um excelente líder. Quais são as qualidades, as características e as capacidades que eles personificam e que inspiram as pessoas? Seja o mais específico que puder.

Um dos exemplos que me vêm à mente é o finado Steve Jobs, que foi cliente meu e um inovador e criador de tendências. Ele sempre parecia estar pelo menos dois passos à frente do resto do mundo. Penso também na pioneira da aviação Amelia Earhart, que não tinha medo de fazer coisas que ninguém tinha feito antes. Meu técnico de beisebol de tantos anos atrás, que não permitia que nenhum de seus jogadores se contentasse com nada menos do que o melhor, continua a me inspirar. Penso em grandes atletas, como o jogador de basquete Lebron James ou a jogadora de futebol feminino Alex Morgan, tão dedicados a melhorar que inspiram os outros a fazer o mesmo.

Agora, faça uma lista com as qualidades de liderança de cada um dos líderes em que pensou e mantenha-a à mão. Nós a consultaremos mais adiante.

O fator X

Vou me arriscar e supor que, além das qualidades que você incluiu na sua lista, os dois líderes nos quais pensou têm algo indefinível, que não dá para descrever com palavras. É uma espécie de "fator X", que vai além de seus atributos específicos e lhes dá um brilho adicional de liderança, uma qualidade aparentemente difícil de apontar mas sempre presente nos melhores líderes.

Essa qualidade indefinível contribui para a falsa suposição de que algumas pessoas já nascem para ser grandes líderes – que têm uma espécie de dom divino que lhes permite inspirar as pessoas e que parece fluir naturalmente de sua essência. E, apesar de eu acreditar que algumas pessoas são de fato "líderes natos", também passei a acreditar, depois de incontáveis experiências, que essa qualidade de liderança não é necessariamente algo com que você nasce. Ela pode ser desenvolvida. Talvez você nunca chegue a ser um líder tão brilhante quanto Nelson Mandela ou Bill Gates, mas pode desenvolver sua capacidade de ser um exemplo a ser seguido, que é o que passaremos o resto deste livro aprendendo a fazer.

Pela minha experiência, esse "fator X" de excelência na liderança resulta do cultivo de uma profunda conexão com o que chamo de "núcleo interno". Dedicarei um bom tempo definindo o núcleo interno no próximo capítulo, mas, por enquanto, vamos usar a metáfora de um iceberg. Se você imaginar um iceberg, poderá ver o gelo branco ou azul elevando-se acima da água. Mas, abaixo da superfície, escondida dos seus olhos, está uma massa gigantesca que compõe a maior parte do iceberg e é responsável por seus movimentos pelo oceano. Como nesse iceberg, seu núcleo interno é toda a parte de você que está abaixo da superfície, todas as qualidades "invisíveis" que ancoram sua personalidade e resultam nas habilidades e nas ações que as pessoas veem.

Vale notar que nem todo mundo descreve o núcleo interno dessa maneira. Teólogos, psicólogos e pessoas muito mais inteligentes do que eu, de várias áreas e orientações filosóficas, têm definições diferentes para ele, como alma, espírito ou subconsciente. Para mim, o núcleo interno é a combinação de autoconceito, caráter e valores que, juntos, influenciam profundamente a maneira como transitamos no mundo e reagimos a ele.

Os maiores líderes, pela minha experiência, são pessoas que não só são profundamente cientes de seu território interior como também são capazes de acessá-lo, modificá-lo e usá-lo para orientar e moldar suas ações no mundo. A conexão que eles têm com seu núcleo interno é o "brilho" da excelência na liderança. É a qualidade indefinível que motiva as melhores pessoas.

O modelo da Liderança Inteligente foi criado para ajudá-lo a se concentrar e cultivar seu núcleo interno para que você possa começar a exalar o fator X da excelência na liderança. Pode parecer uma ideia grandiosa, mas o modelo da Liderança Inteligente basicamente analisa as qualidades misteriosas e muitas vezes de difícil definição da excelência na liderança e mostra, de maneira muito prática, como melhorar essas qualidades na sua mente, no seu coração e na sua alma. A abordagem basicamente "define o indefinível" e oferece uma estrutura concreta e um guia prático para desenvolver sua liderança.

A lacuna de liderança

Podemos encontrar alguns dos melhores pensadores da atualidade no mundo corporativo. Já atuei no conselho de administração de algumas das maiores empresas do mundo e fico impressionado com a inteligência e as capacidades cognitivas das pessoas. As empresas têm feito um excelente trabalho na tarefa de encontrar e cultivar seu capital intelectual. No entanto, apesar de tudo isso, estudo após estudo e livro após livro chegam à mesma constatação: faltam bons líderes em praticamente todos os setores.

O que isso nos diz? Vejo uma verdade simples, mas difícil de perceber: a boa liderança requer algo mais do que apenas poder intelectual. Se você fosse mapear as habilidades intelectuais e de liderança da maioria das empresas, como mostra a Figura I.1, veria uma curva de distribuição normal enviesada. O eixo Y representa o número de líderes e o eixo X representa suas capacidades. Como pode ver, há mais líderes com altos níveis de capacidade cognitiva (representados pela curva à direita) do que líderes com altos níveis de capacidade de liderança (representados pela curva à esquerda).

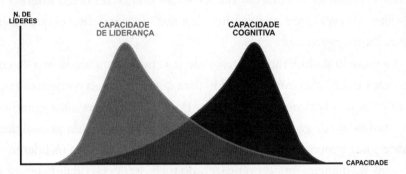

Figura I.1: A lacuna de liderança

Mas o que explica a lacuna? Por que há mais líderes com alto poder intelectual do que líderes com alto poder de liderança? O que está faltando? É disso que este livro trata. Para traduzir o poder intelectual em alta capacidade de liderança, você precisa explorar os elementos invisíveis do seu núcleo interno.

Uma visão integrada

Antes que você comece a achar que este livro vai seguir uma linha "soft" e só falar das qualidades subjetivas e difíceis de definir do "núcleo interno", quero esclarecer uma coisa. A ideia da Liderança Inteligente é gerar resultados concretos e mensuráveis. Na verdade, um dos fatores que faz com que essa abordagem se destaque dentre a miríade de técnicas e modelos de desenvolvimento de liderança existentes no mercado é a maneira como ela combina tanto os elementos do núcleo interno quanto as capacidades do "núcleo externo", que impulsionam o seu desempenho no mundo real.

Todos os anos, literalmente milhares de livros sobre liderança são publicados, e a maioria tem inclinação a uma ou outra direção. Alguns se concentram principalmente na experiência interior subjetiva das pessoas e tendem a não fazer a ponte nem traçar relações diretas com as maneiras como esse trabalho interior pode ser traduzido em um desempenho melhor. Já outros tentam pular o importante trabalho interior que descobri ser necessário para fazer mudanças concretas e sustentáveis nas nossas capacidades "externas".

Eu digo que *tudo* é importante. Se você não der o mesmo peso ao seu núcleo interno e às suas competências externas, não vai conseguir se desenvolver muito. O modelo da Liderança Inteligente, composto de sete dimensões que passaremos a maior parte deste livro explorando, é a chave para liberar essa poderosa conexão entre o interno e o externo, o subjetivo e o objetivo, o mundo invisível abaixo da superfície e as qualidades e os comportamentos visíveis que fazem de nós grandes líderes.

Todos nós somos líderes

A quem este livro se destina? A resposta resumida é: a qualquer pessoa que queira se tornar um ser humano melhor.

Uma das coisas que me aborrecem é que muitas pessoas fazem suposições inconscientes sobre quem é e quem não é líder. Em círculos de liderança, as pessoas tendem a dar muita importância a cargos e posições, que, como descobri, às vezes podem chegar a ser um obstáculo à verdadeira essência do desenvolvimento da liderança. Justiça seja feita, se você ler alguns dos meus livros anteriores, verá que, até certo ponto, eu mesmo sucumbi a essa mesma suposição. Muito do que publiquei no passado se concentrou especificamente em ajudar pessoas que ocupam cargos formais de liderança no mundo corporativo (gerentes, vice-presidentes e CEOs) a aumentar sua eficácia.

A verdade é que, no trabalho que realizei com milhares de pessoas ao longo dos anos, descobri que os princípios que orientam a excelência na liderança são similares, se não idênticos, aos que orientam qualquer campo do desenvolvimento humano. No fim das contas, o que é um bom líder se não um bom *ser humano*? Lembrando que a definição de liderança que estamos usando aqui é ser "um exemplo a ser seguido pelos outros". E quem não é um exemplo para *alguém*? Mesmo se você não ocupa um cargo formal de liderança, provavelmente é um pai, um treinador, um professor ou um amigo.

Basta sair da cama de manhã e entrar no complexo mundo das relações humanas para ter uma influência sobre os outros. Você é um exemplo de alguma coisa para alguém, gostando ou não. E todos nós temos espaço para mudar e melhorar o tipo de exemplo que somos.

O caminho adiante

No primeiro capítulo deste livro, daremos um mergulho profundo na complexa relação entre o seu núcleo interno e as suas capacidades externas de liderança. Exploraremos as muitas maneiras práticas nas quais o foco no seu núcleo interno lhe dará as bases para liberar todo o potencial de suas capacidades externas. Falaremos sobre o processo de desenvolvimento e sobre a melhor maneira de abordar o trabalho interior e exterior que faremos juntos.

Depois de entender como o núcleo interno e o externo funcionam juntos para liberar seu potencial de liderança, passaremos os próximos sete capítulos explorando os principais elementos da Liderança Inteligente. Definiremos esses sete princípios usando histórias, modelos e exemplos e proporei ações concretas que você poderá usar para desenvolver cada um deles. Essa será a essência do livro e a chave para dominar a arte da Liderança Inteligente.

Em seguida, concluiremos nossa jornada com uma exploração da sutil e importante relação entre liderança e cultura. Veremos como o seu desenvolvimento na liderança pode ajudar a influenciar diretamente a cultura de sua equipe, de seus funcionários, de seu local de trabalho e de sua família e mostrarei como explicar a Liderança Inteligente para as pessoas ao seu redor.

Crie uma rede de apoio

Um dos elementos mais importantes da Liderança Inteligente é pedir o feedback das pessoas para ajudá-lo a identificar seus pontos fortes e fracos e monitorar o seu progresso. Antes de mergulharmos na essência do livro, gostaria que identificasse algumas pessoas importantes a quem pode pedir feedback. A ideia é escolher pessoas que sabe que serão sinceras, como um amigo, um colega de trabalho, um chefe, um funcionário, seu companheiro ou companheira. A cada capítulo, vou pedir que recorra a eles para perguntar como enxergam você em relação à dimensão em discussão. As respostas terão um valor absolutamente inestimável. O feedback dessas pessoas não só lhe dará uma boa ideia do que precisa melhorar, mas também a confiança de que está se desenvolvendo!

Um convite para ir mais fundo

Tenho total confiança no poder da Liderança Inteligente de transformar as pessoas que a levam a sério. Não estou pedindo aplausos quando digo isso. Tudo o que fiz foi *descobrir* as dimensões da Liderança Inteligente no meu trabalho com milhares de líderes e aspirantes a líder. Às vezes me sinto como um arqueólogo da mente, do coração e da alma humana, descobrindo novos padrões na geologia da liderança em cada entrevista, sessão de coaching ou interação. Tudo o que fiz foi apresentar neste livro o que descobri para ajudar os leitores a transformar sua liderança.

Eu o convido a abrir seu coração e sua mente o máximo que puder enquanto lê este livro e faz o trabalho necessário. "Mergulhar fundo" para explorar o território sutil do seu núcleo interno pode ser uma experiência difícil. Requer vulnerabilidade. Requer coragem. Requer uma espécie de força interior que existe dentro de todos nós se decidirmos usá-la. Eu garanto que o esforço valerá a pena. Já vi muitas histórias de sucesso para pensar o contrário.

Conhece-te a ti mesmo

Se você alguma vez fez um curso de introdução à filosofia ou passou algum tempo lendo a grande variedade de livros de desenvolvimento pessoal disponíveis hoje em dia, já deve ter deparado com a frase "Conhece-te a ti mesmo". Esse antigo aforismo grego foi popularizado por Sócrates, que, segundo relatos de seu pupilo Platão, expandiu a ideia e fez a famosa declaração: "Uma vida sem reflexão não vale a pena ser vivida".

Minha intenção ao trazer essa informação não é fazer você morrer de tédio com uma revisão da história da filosofia ocidental, mas lhe dar uma ideia do tipo de investigação que ocupa o centro da abordagem da Liderança Inteligente. Se quiser se desenvolver como líder, o que implica se desenvolver como ser humano, não pode deixar de fazer a análise mais profunda possível de si mesmo. Você precisa conhecer suas motivações, saber o que tende a atrapalhar seu sucesso e conhecer os talentos inexplorados que pode ter.

Como vimos na introdução, a chave para garantir que a sua autoinvestigação tenha resultados concretos e duradouros é saber *o que* você está examinando. Você está se concentrando principalmente em realizações, habilidades e comportamentos (a parte do iceberg que está acima da superfície, ou seja, o seu núcleo externo)? Ou está examinando as estruturas mais profundas do seu núcleo interno, que compreende seu caráter, seus valores, seus padrões de pensamento e suas crenças? O foco do modelo da Liderança Inteligente é desenvolver seu conhecimento de todas essas dimensões de si mesmo. Mais especificamente, a Liderança Inteligente o ajuda a entender a relação entre seus núcleos interno e externo.

Eu adoro modelos. Eles nos ajudam a visualizar as estruturas invisíveis que constituem as dimensões subjetivas de quem somos. A Figura 1.1 é o modelo que desenvolvi para ilustrar a relação entre os nossos núcleos interno e externo, que ocupa o centro da transformação da nossa mentalidade. O modelo representa a soma total de quem somos e, como uma cebola, tem camadas. A camada mais profunda é nosso "núcleo interno" – nosso caráter e nossos valores, nossos padrões de pensamento e nossas crenças. O núcleo interno tem suas próprias camadas, que exploraremos mais adiante. Já a camada superficial do modelo é o que o mundo vê em nós: nossa personalidade, nossos comportamentos, nossas habilidades e nossas capacidades.

Figura 1.1: A relação entre o núcleo interno e o núcleo externo

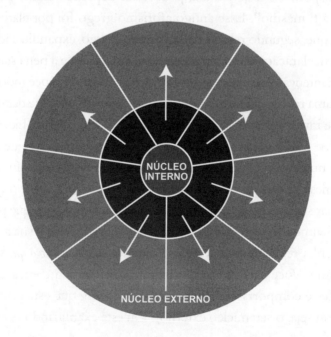

Agora vamos explorar o modelo em mais detalhes, a começar pelo núcleo interno.

Entenda o porquê das coisas

O que exatamente é o núcleo interno? É uma pergunta excelente e muito difícil de ser respondida. O núcleo interno é fundamental para definir quem somos, mas é totalmente invisível para nós na maior parte do tempo. Gosto de pensar nele como "o porquê" de tudo o que fazemos. É uma espécie de "programação" que resulta da nossa criação, das escolhas que fazemos e das nossas experiências e que orienta nossa vida e determina o tipo de pessoa que somos.

Embora o núcleo interno seja, em sua essência, muito difícil de definir, dediquei grande parte da minha carreira a desvendar e medir sua influência em líderes ao redor do mundo. Dividi o núcleo interno em quatro componentes principais: caráter, valores, autoconceito e crenças.

Vamos começar com o caráter. A palavra "caráter" costuma ser usada para descrever as qualidades morais de um indivíduo. Uma "pessoa de caráter" tem um tipo de integridade ou força interior que se reflete em todos os aspectos de quem ela é. Uma das melhores definições de caráter que encontrei veio de uma fonte improvável: um aluno da oitava série que conheci quando fui dar uma palestra numa escola do ensino fundamental em Orlando, cidade onde moro.

Uma amiga minha, Judy, é diretora da escola e me pediu para dar uma palestra para os 500 alunos que estavam se formando na oitava série, seus pais, avós e amigos, cerca de 2 mil pessoas ao todo. Judy queria que eu falasse aos jovens principalmente sobre a importância do caráter para a liderança e o sucesso. Depois de uma bela introdução que Judy fez de mim, me coloquei diante dos 500 formandos e fiz a pergunta: "Alguém saberia me dizer o que é caráter?".

Depois de três ou quatro segundos, um jovem levantou a mão. Apontei para ele, que murmurou em voz baixa uma frase impressionante que só alguns de seus colegas e eu conseguimos ouvir. Fiquei tão impressionado com suas palavras que perguntei seu nome, e ele disse: "Amant". Perguntei se ele compartilharia sua definição com todos, dessa vez usando o microfone. "Sim", ele respondeu.

"Pais, avós, amigos", anunciei. "O Amant gostaria de compartilhar sua definição de caráter com vocês." Dito isso, virei o microfone para ele. Amant se levantou e, com orgulho e eloquência, declarou: "Caráter é o que você faz quando ninguém está vendo". A plateia explodiu em aplausos. Eu fiquei pasmo, não porque nunca tinha ouvido essa definição, mas pela clareza e convicção de Amant ao compartilhá-la. Eu e as milhares de pessoas presentes ficamos comovidos. Aquele jovem claramente conhecia o valor de ter uma boa definição de caráter para orientar suas decisões no dia a dia.

Quão forte é o seu caráter?

Pensando na definição proposta por Amant, gostaria que parasse por um momento para pensar em quem *você* é quando ninguém está vendo. De que maneiras demonstra que tem um caráter forte? Quais aspectos acha que poderia melhorar em seu caráter? Esse exercício pode ser um pouco incomum, mas é crucial para liberar seu potencial de liderança.

Para ajudá-lo em sua investigação, vou propor alguns critérios para avaliar seu caráter. Na minha definição, o caráter possui seis elementos, que resumi abaixo. Esses elementos constituem o mapa do seu caráter, que, por sua vez, é um componente essencial de seu núcleo interno. Leia as descrições e perceba se cada elemento já é forte em você ou tem espaço para crescer. Veja se consegue encontrar algum padrão.

Coragem

Quando pensa em coragem, é fácil imaginar algum tipo de herói mítico matando um dragão ou resgatando alguém do perigo. E, apesar de essa versão grandiosa de coragem ser inspirada pela essência da palavra, a verdadeira definição de coragem costuma ser muito mais sutil do que isso. A coragem, como um atributo definidor do caráter, é simplesmente a disposição de se sacrificar por um propósito maior – seja defender os direitos dos mais fracos, arriscar sua reputação ao tomar uma decisão controversa ou fazer a coisa "certa" mesmo diante da pressão para fazer o contrário. Coragem não significa não ter medo, mas sim se dispor a agir por convicção apesar do medo.

Onde você se posiciona em relação à coragem? Até que ponto se dispõe a se sacrificar pelos outros ou pelo que considera certo?

Lealdade

Quando falo de lealdade, não me refiro à lealdade "cega" a uma pessoa, independentemente de suas ações. A lealdade é a cola que mantém nossos relacionamentos, a essência das nossas comunidades e organizações. A lealdade é o que nos possibilita ajudar uns aos outros, em todas as circunstâncias, mesmo quando não é conveniente fazê-lo. A lealdade não é uma via de mão única, ela deve ser mútua e atuar tanto para cima quanto para baixo. A lealdade de baixo para cima é aquela que você demonstra a seus superiores, baseado na premissa de que eles seguem as leis e são éticos. Já a lealdade de cima para baixo diz respeito à responsabilidade dos líderes de cuidar de seu pessoal e é tão crucial quanto a lealdade de baixo para cima.

A lealdade é importante para você? Você acha que mantém seu compromisso com as pessoas mesmo diante das dificuldades e faz alguma coisa a respeito?

Diligência

A diligência é, basicamente, saber que não é possível pegar um atalho para chegar a qualquer destino que valha a pena. Qualquer pessoa que se satisfaz com o caminho mais rápido, fácil e curto para obter um resultado está fadada à decepção. Quando você se dispõe a se empenhar e a fazer tudo o que pode para ter sucesso, o resultado é uma confiança inabalável. Os líderes diligentes são muito mais resilientes diante de contratempos porque estão preparados para lidar com adversidades inevitáveis e são capazes de avançar apesar das dificuldades. Eles não vivem com aquela sensação incômoda de que poderiam ter feito mais ou de outro jeito. A diligência é uma espécie de rocha para nosso caráter, que nos permite nos manter firmes em meio ao caos do mundo ao nosso redor.

Até que ponto você é diligente na maneira como conduz a sua vida? Você evita pegar atalhos a fim de saber que fez as coisas do jeito certo?

Modéstia

Os líderes tendem a ser muito confiantes, o que faz da modéstia um dos fatores mais importantes de um caráter forte. A modéstia, em sua essência, é viver com limites. É a antítese da agressividade, da presunção e da arrogância. Os melhores líderes sabem que *não* são "bons demais para falhar" e se mantêm abertos a outros pontos de vista para melhorar a si mesmos e à organização. Para o líder modesto, as limitações financeiras e operacionais são salvaguardas, não obstáculos. A modéstia também serve para manter suas emoções sob controle. Se você reconhecer que seus impulsos mais arrogantes se baseiam na necessidade de atenção, poderá cultivar uma autoaceitação mais tranquila diante dos desafios.

Você se considera uma pessoa modesta? Você consegue manter suas ambições sob controle?

Honestidade

A honestidade pode até parecer uma qualidade óbvia quando se trata de caráter, mas a verdade é que não é tão fácil ser uma pessoa honesta. Especialmente diante de uma enorme pressão, pode ser mais fácil sacrificar a verdade em nome da rapidez, dos lucros ou do avanço pessoal. Os melhores líderes deixam passar oportunidades que requerem que eles mintam. Um lucro menor obtido com honestidade vale mais do que um lucro maior obtido de maneira desonesta. Atos de desonestidade – como relatórios de despesas forjados, impostos de renda sonegados, chegar tarde ao trabalho e sair antes do horário ou roubar materiais de propriedade da empresa – se acumulam e criam um ambiente tóxico para você e sua equipe. Por outro lado, um líder maduro e honesto cria um ambiente verdadeiro e aberto.

Quão importante a honestidade é para você? Você já sacrificou a verdade para conseguir alguma coisa?

Gratidão

Embora agradecer e garantir que as pessoas saibam que são valorizadas sejam *expressões* importantes de gratidão, quando se trata de caráter, refiro-me a algo mais profundo do que isso. A gratidão vem de saber que a nossa vida terá altos e baixos inevitáveis. Como no futebol, quanto mais gols você fizer melhor, mas os chutes a gol perdidos também podem ser experiências de aprendizado. Na verdade, são os fracassos que nos mantêm em equilíbrio e nos possibilitam valorizar ainda mais os sucessos. Se você mantiver sua vida em perspectiva, de olho no quadro geral e não nos detalhes, e não achar que o mundo lhe deve o sucesso, o resultado natural será gratidão por tudo o que acontecer pelo caminho.

Quão grato você se sente pelo que está acontecendo na sua vida? Você consegue se manter de olho no quadro geral, sem se apegar a vitórias e sucessos isolados?

* * *

Ao ler e refletir sobre esses seis elementos do caráter, você conseguiu enxergar algum padrão? Com base na minha experiência trabalhando com líderes de todos os tipos, acredito que a reflexão sobre o caráter é um dos exercícios mais reveladores. Ajuda a ter uma ideia da força interior que tende a ter diante de circunstâncias difíceis, o que revela algumas maneiras muito concretas de melhorar esses fatores essenciais de quem você é.

Por mais importante que seja o caráter, ele é só uma parte da equação do núcleo interno. O próximo componente do seu núcleo interno são seus valores. Vamos explorar.

Valores: quais são os seus critérios na vida

Se você quer se conhecer, é imprescindível explorar o que o leva a fazer as coisas que faz. É aqui que entram os seus valores. A palavra "valor" pode significar muitas coisas. Você pode pensar em um valor específico, como família, sucesso ou reconhecimento. Uma das melhores definições de valor que ouvi veio de Aldo Civico, que, além de ser um grande amigo e colega, também é um coach de liderança executiva e negociador de conflitos que passou décadas trabalhando para ajudar líderes ao redor do mundo a atingir seu máximo potencial. Aldo, como eu, adora mapear o território sutil do nosso mundo interior. Ele diz que os valores são nossos "critérios para a vida". Nossos valores, especialmente os mais arraigados, são as lentes através das quais vemos o mundo. Eles afetam todas as decisões importantes que tomamos. Alguns dos nossos valores podem ser princípios que nós mesmos cultivamos. Outros foram inculcados em nós pelos nossos pais ou pela sociedade. Mesmos se não estivermos cientes dos nossos valores, eles afetam todas as nossas decisões e chegam até, em grande medida, a decidir nosso destino.

No entanto, pela minha experiência, são raras as pessoas que dedicam o tempo necessário para identificar com clareza os próprios valores. Tendemos a viver de acordo com valores dos quais nunca nos conscientizamos. E isso pode causar problemas.

Por exemplo, trabalhei com executivos que parecem ter muita dificuldade de manter relacionamentos fortes na vida, o que pode prejudicá-los tanto pessoal quanto profissionalmente. Depois de alguma exploração de seus valores inconscientes, ficou claro que eles eram motivados principalmente por um forte valor de sucesso e realização, o que era uma grande vantagem em muitos aspectos, mas, quando não controlado, esse valor muitas vezes entrava em conflito com seu desejo de melhorar suas interações e vínculos com as pessoas. Só depois de mapearmos os valores desses líderes é que conseguimos identificar essa discrepância e começar a mudar o equilíbrio da vida deles.

Para ajudá-lo a se conhecer melhor, vamos dar uma olhada mais profunda na sua matriz de valores. Uma pessoa pode ter muitos tipos diferentes de valores, mas, no contexto da Liderança Inteligente, a ideia é nos concentrar principalmente nos chamados valores "fundamentais". Os valores fundamentais, como reconhecimento ou segurança, são essenciais para definir quem somos e estão na base de nossos valores mais imediatos, como dinheiro ou família. Para esclarecer as bases de nossos valores, gosto de usar o modelo de valores desenvolvido por Joyce e Robert Hogan e mensurado pela ferramenta Inventário de Motivos, Valores e Preferências, que identifica dez valores fundamentais:

1. *Afiliação:* interações sociais.
2. *Altruísmo:* desejo de servir os outros, de melhorar as coisas.
3. *Científico:* ser analítico, ter novas ideias, tecnologia.
4. *Comercial:* ganhar dinheiro, lucrar.
5. *Estética:* arte, literatura, cultura, imaginação.
6. *Hedonismo:* desejo de diversão, empolgação, variedade.
7. *Poder:* desejo de conquistar, competição, chegar na frente.
8. *Reconhecimento:* desejo de ser conhecido, visível, de se mostrar, de ser famoso.
9. *Segurança:* estrutura, previsibilidade, prudência.
10. *Tradição:* comportamento social apropriado, moralidade, padrões elevados.

Como vimos, esses valores fundamentais nos motivam a ser quem somos e a agir como agimos, e influenciam de forma significativa nosso estilo de liderança. Cada pessoa tem uma matriz de valores diferente. Algumas são motivadas principalmente por poder ou tradição, enquanto outras estão mais interessadas em reconhecimento ou altruísmo. Conhecer a sua própria hierarquia de valores é uma parte importante de entender exatamente o que o leva a ser quem é e a fazer o que faz.

Por isso, proponho que reserve um tempo para colocar esses valores fundamentais em ordem de importância para você, de 1 a 10, sendo 1 o mais valorizado e 10 o menos valorizado. Se você não tiver certeza sobre alguns deles, não se preocupe. A ideia não é entrar em detalhes, mas ter uma visão geral dos tipos de valores que mais importam para você.

Se ficar empacado, sem conseguir decidir quais valores são mais importantes para você, eis alguns truques. Para começar, seus valores costumam ser refletidos em suas atitudes ou interesses. Ao analisar cada um dos dez valores fundamentais, preste atenção aos sentimentos positivos que associa a eles. Você pode sentir-se naturalmente atraído pelo científico e repelido pela segurança. Pode se interessar pela estética.

Outra dica para ajudá-lo a determinar sua hierarquia de valores é pensar em como alocou seu tempo na última semana, mês ou ano. Quais atividades dominaram sua agenda e quais valores elas refletem? Você passa muito tempo trabalhando até tarde no escritório? Será que isso pode ser um sinal de que você valoriza o comercial e quer garantir que sua empresa seja lucrativa? Ou será que pode ser um sinal de que deseja ser reconhecido pelo seu chefe ou pelos seus colegas como uma pessoa que dedica o tempo adicional necessário para ter sucesso?

Quando fez a sua lista, você se surpreendeu com os resultados? Sua hierarquia de valores está de acordo com a maneira como vê a si mesmo? Se tiver coragem, essa é uma excelente ocasião para compartilhar sua hierarquia de valores com a rede de apoio que identificou na introdução. Veja se eles concordam com a avaliação que fez de seus valores ou se têm uma opinião diferente.

Cuidado com as lacunas

É comum encontrar discrepâncias entre a sua hierarquia de valores e a maneira como você é visto pelas pessoas. Essas discrepâncias são naturais e lhe dão uma chance de se aprofundar na sua análise. Por que, por exemplo, você colocou o "altruísmo" em uma posição mais alta na sua hierarquia de valores e a sua rede de apoio discorda dessa avaliação?

Muitas vezes, a diferença entre o que você acha que valoriza e o que as pessoas veem como seus valores é resultado de questões envolvendo caráter. Como já vimos, caráter é um reflexo de sua força moral – sua capacidade de agir de maneiras que podem ser impopulares ou contrariar seus próprios interesses ou seu ego. Quaisquer lacunas em seu caráter podem distorcer a maneira como seus valores se refletem na sua vida.

À medida que você continua a explorar seu caráter e seus valores, seja paciente consigo mesmo. Ninguém é perfeito, e a ideia do modelo de Liderança Inteligente é identificar maneiras de nos aprimorar e causar mais impacto no mundo. Se foi fácil fazer esse exercício, eu diria que você é um ser humano perfeito ou não está sendo diligente o suficiente. Deixo a você decidir a opção mais provável.

Enquanto avançamos no livro, exploraremos como cada uma das sete dimensões está enraizada em seu caráter e em seus valores e é influenciada por eles. Eles são a base de quem somos e, se quisermos ser uma expressão da excelência na liderança, é indispensável nos familiarizarmos a fundo com eles.

Quem você pensa que é?

Os últimos componentes de nosso núcleo interno são nosso autoconceito e nossas crenças. É por meio desses componentes que nosso caráter e nossos valores mais profundos são traduzidos nos comportamentos e nas capacidades de nosso núcleo externo. Ao contrário de seu caráter e de seus valores, que podem ser, em grande parte, inconscientes, seu autoconceito e suas crenças têm mais chances de serem fatores dos quais você tem mais consciência.

O autoconceito é, em termos simples, a visão que tem de si mesmo. Você se considera uma pessoa de sucesso ou um fracassado? Um líder ou um seguidor? Um extrovertido ou um introvertido? Seu autoconceito determinará em grande parte o tipo de pessoa e de líder que o mundo vê em você. E muitos pontos fracos da sua liderança não raro têm raízes em algum tipo de problema no seu autoconceito.

Por exemplo, se você tende a se ver como uma vítima das circunstâncias, pode se sentir incapaz de enfrentar muitas situações difíceis. Você vai sempre se sentir impotente para superar as dificuldades. Por outro lado, se você se considera um solucionador de problemas, é mais provável que assuma a responsabilidade por si mesmo e pelas pessoas em qualquer circunstância.

Os melhores líderes tendem a ter um autoconceito muito positivo. Essa característica pode ser resultado de uma visão naturalmente positiva da vida, que pode ter vindo da sua família ou da sua cultura, mas também pode ser decorrente do reforço contínuo dessa imagem positiva com base nos sucessos que teve na vida. Se, de modo geral, você costuma superar os obstáculos que encontra na vida, provavelmente terá mais confiança na sua capacidade de enfrentar as dificuldades no futuro. Você já provou a si mesmo a sua capacidade e construiu um autoconceito mais forte no processo.

A boa notícia é que, mesmo se descobrir que seu autoconceito não é tão positivo quanto gostaria, você tem como mudá-lo. O autoconceito, assim como os outros componentes do seu núcleo interno, é bastante maleável. Por meio da autoanálise e da prática, você tem como melhorar o conceito que faz de si mesmo.

À medida que avançarmos pelas sete dimensões da Liderança Inteligente, apresentarei exercícios que o ajudarão a construir um autoconceito mais forte e positivo. Cada dimensão vai ajudar a esclarecer seu autoconceito e lhe dará uma oportunidade de reforçá-lo e expandi-lo.

Acredite se quiser...

As crenças são intimamente relacionadas ao autoconceito. A palavra "crença" é geralmente utilizada para descrever ideias ou noções mais baseadas na fé ou na intuição do que em evidências ou fatos. Pode ser a crença em algum tipo de poder superior ou de que todas as pessoas são inerentemente boas.

Contudo, quando falo sobre crenças me refiro a algo um pouco diferente. Elas são os princípios que sabemos ser verdadeiros devido a nossas experiências repetidas. Por exemplo, podemos acreditar que os seres humanos são inerentemente bons porque vivenciamos repetidamente atos de bondade e gentileza das pessoas. Essa crença profundamente arraigada afeta a maneira como agimos no mundo. Cria um sentimento de otimismo e possibilidades ilimitadas na maneira como avaliamos e interagimos com os outros, porque acreditamos que, no fundo, todas as pessoas são boas.

Outro exemplo que costumo encontrar nos líderes é a crença inconsciente de que as pessoas são incapazes de mudar. Eles podem nunca admitir isso nem saber que essa crença faz parte de sua visão de mundo, mas carregam a convicção de que as pessoas são o que são e não podem mudar de maneira significante. Essa crença pode ser resultado de anos aceitando as coisas como elas são ou de experiências que a pessoa viveu na infância. De qualquer maneira, ao nutrir essa crença, eles acabam sabotando as próprias tentativas de mudar, porque, no fundo, não acreditam que isso seja possível.

As crenças, nesse contexto, têm um grande efeito sobre o tipo de pessoa que somos e o tipo de potencial que temos para a liderança. Um dos objetivos da Liderança Inteligente é identificar suas crenças, ver quais delas estão impedindo o seu avanço e começar a construir um novo sistema de crenças que o ajudará em seu crescimento como líder e ser humano.

Avaliando seu núcleo interno com o Inventário do Eneagrama de Liderança de Mattone

No meu livro de 2013, *Intelligent Leadership*, explorei em profundidade o Inventário do Eneagrama de Liderança de Mattone, uma ferramenta que criei em 1996 para ajudar líderes e aspirantes a líder a avaliar seus pontos fortes e aqueles que precisavam ser desenvolvidos. A ferramenta, que hoje conta com dados de mais de 10 mil líderes globais, tem bases em um modelo antigo (acredita-se que suas origens remontam à Babilônia de 2.500 a.C.) usado para esclarecer o grau de maturidade e as perspectivas específicas de cada pessoa. A própria palavra *eneagrama* vem das palavras gregas *ennea*, que significa "nove", e *gramma*, que significa "algo escrito ou desenhado".

Cada um dos nove pontos do eneagrama corresponde a uma maneira diferente de pensar, sentir e se comportar (Figura 1.2). Pessoas em pontos diferentes do eneagrama veem o mundo e interagem com ele de maneiras distintas. O questionário do eneagrama o ajuda a identificar as áreas nas quais é mais forte e aquelas que requerem desenvolvimento. É literalmente uma janela para a composição sem igual do seu núcleo interno.

Figura 1.2: O eneagrama

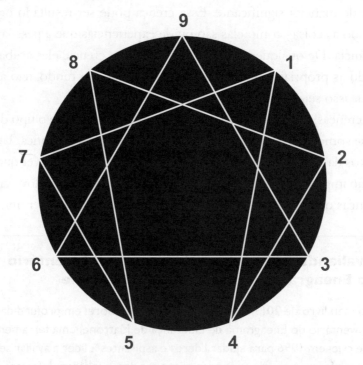

O eneagrama funciona. É por isso que ele continua sendo usado milhares de anos depois. No Inventário do Eneagrama de Liderança de Mattone, apliquei o modelo do eneagrama diretamente ao campo da

> liderança. Muitas abordagens se concentram principalmente em mudar comportamentos. Mas, se você não souber o que o leva a agir de determinada maneira, é fácil voltar aos antigos padrões de comportamento depois de um tempo. O Inventário do Eneagrama de Liderança de Mattone foi criado para fornecer uma base profunda de autoconhecimento que o ajudará a persistir em qualquer esforço de autodesenvolvimento.
>
> Não vamos passar muito tempo falando sobre o Inventário do Eneagrama de Liderança de Mattone, mas, se tiver interesse em saber quais são os seus pontos fortes e fracos, pode obter mais informações sobre o assunto em johnmattone.com/about/assessments/mlei/ (site em inglês).

A ponte para o núcleo externo

Espero que neste momento você esteja começando a ter uma ideia mais clara do seu núcleo interno e a entender a importância de desenvolver sua capacidade de liderança. Mas você também pode estar se perguntando exatamente *como* essa exploração do seu núcleo interno pode ajudá-lo a melhorar a si mesmo, sua carreira e o mundo.

É natural fazer essa pergunta. A maioria das pessoas com quem trabalho está em busca de desenvolver sua liderança, não de melhorar seu caráter ou aprofundar seu autoconhecimento. Essas pessoas querem ter mais impacto em suas carreiras. Querem aprimorar suas habilidades e capacidades para poder melhorar seu desempenho e ajudar suas equipes, empresas e organizações a fazer o mesmo. O que elas realmente querem melhorar é seu núcleo externo, que defino em termos simples como os comportamentos, as habilidades e as competências que levam ao mundo e, como resultado, o impacto que elas têm sobre os outros.

Seu núcleo externo representa as qualidades que são identificadas em análises de desempenho e avaliações 360 graus e aquelas que as pessoas elogiam ou criticam em você. Ele inclui coisas como a sua capacidade de tomar decisões ou pensar de forma estratégica e crítica.

Inclui a sua capacidade de se comunicar, ouvir e sua inteligência emocional. Um dos elementos mais importantes do seu núcleo externo tem a ver com sua capacidade de liderar uma equipe e cultivar talentos na sua organização.

Pela minha experiência, se você quiser melhorar seu núcleo externo, deve começar com seus valores, caráter e crenças fundamentais. A meu ver, isso é absolutamente indispensável. Os valores e as crenças que fundamentam o seu caráter são o que acabam orientando as suas ações e a chave para desvendar e liberar todo o seu potencial. O velho clichê é verdadeiro: "As ações falam mais alto que as palavras". Se você quiser ter uma ideia de quem uma pessoa é (ou seja, do caráter dela) e o que ela valoriza, basta dar uma olhada em suas ações.

Por exemplo, você pode dizer que valoriza a inovação e o pensamento de vanguarda, mas também pode sentir uma espécie de medo ou rigidez ao deparar com novas ideias, especialmente quando elas vêm de outra pessoa. Isso pode revelar que você valoriza a segurança, a tradição e o poder mais do que pensava.

Esses são os tipos de paradoxos e contradições que estamos procurando. Queremos encontrar maneiras nas quais o seu comportamento não se alinha com os seus valores, seu caráter, seu autoconceito e suas crenças. Pode ser difícil e até desconcertante no começo. Mas essas incoerências, na verdade, são bons sinais. São oportunidades de crescer e se alinhar.

É por isso que é tão importante conhecer o seu núcleo interno ao tentar fazer mudanças concretas e duradouras nas suas capacidades, habilidades e comportamentos. O seu núcleo externo é o impacto que causa no mundo. E você nunca vai conseguir mudar esse impacto se não souber como o seu núcleo externo é afetado pelo seu núcleo interno.

Na abordagem da Liderança Inteligente, nós não começamos pelas nossas competências essenciais externas e pelo nosso comportamento. Esses fatores são resultado do trabalho que fazemos em níveis mais profundos. Também são "indicadores de tendência" e mostram como estamos indo e quais elementos podem exigir mais atenção. Em outras palavras, são o que estamos tentando desenvolver, mas são apenas a ponta do iceberg, com uma massa gigantesca abaixo da superfície.

Juntando tudo: o Prisma da Liderança Inteligente

Quando meu neto mais novo nasceu, minha esposa e eu compramos um móbile para pendurar ao lado da janela de seu quarto, logo acima do berço. O móbile foi feito por um artesão da cidade e tem uma coleção de peças de madeira polida penduradas em linhas de pesca ao redor de um cristal em forma de globo no centro. Para o deleite do nosso netinho, a luz da manhã que entra pela janela bate no globo de cristal e projeta padrões de luz com as cores do arco-íris em todas as paredes e no teto do quarto. É uma visão quase mágica, e você provavelmente já experimentou algo assim na sua vida.

A interação da luz com o cristal é uma metáfora perfeita da dinâmica entre o núcleo interno e o núcleo externo. E é uma metáfora que usarei ao longo do livro, junto com o modelo que estamos explorando neste capítulo. Nosso núcleo interno, que consiste em nosso caráter, nossos valores arraigados, nosso autoconceito e nossas crenças, é o cristal. O núcleo externo, que é o que o mundo vê – nossa personalidade, nossas habilidades e competências –, é o padrão de cores projetado em tudo o que nos cerca.

No centro dessa dinâmica estão as sete dimensões da Liderança Inteligente. Elas penetram no cristal e afetam o formato e a vibração dos padrões de cores que são projetados nas paredes ao nosso redor. As sete dimensões, que passaremos o restante do livro explorando, são:

1. Pense diferente, pense grande
2. Decida ser vulnerável
3. Cultive a mentalidade de dever
4. Alavanque seus talentos e elimine suas lacunas
5. Tenha a coragem de agir com orgulho, paixão e precisão

6. Esteja presente e atento
7. Ajuste seu rumo

Pense em cada uma das sete dimensões como partes iguais do núcleo interno e do núcleo externo – uma espécie de tecido que os une. São qualidades únicas que, juntas, constituem a verdadeira essência da excelência na liderança. Essas sete dimensões são o portal que nos possibilita entender melhor nosso núcleo interno e nos oferece amplificadores que ajudam nossa luz a brilhar com mais beleza, energia e intensidade por meio de nossas ações.

A Figura 1.3 mostra as sete dimensões que compõem a Liderança Inteligente. Como você pode ver, cada dimensão tem raízes no núcleo interno e é refletida no núcleo externo. Cada dimensão, por si só, representa uma meta a ser atingida, aprendida e otimizada para fundamentar o seu processo de transformação em um líder e um ser humano melhor. Curiosamente, as sete dimensões também representam um caminho que você pode seguir para garantir uma transformação positiva e duradoura. Em muitos aspectos, as sete dimensões representam a "mentalidade de mudança" que você deve ter para se tornar um grande líder.

Nos próximos capítulos, exploraremos as dimensões uma a uma. Cada capítulo descreverá uma dimensão e mostrará como você pode usá-la para desenvolver sua mentalidade de liderança. Ao explorar cada uma delas, veremos como estão enraizadas no nosso núcleo interno e como se expressam na nossa capacidade de demonstrar a excelência na liderança. Ao desenvolver cada uma dessas dimensões, você não só terá um entendimento mais detalhado e profundo do que pode ou não estar atuando a seu favor no seu núcleo interno como também expandirá sua capacidade de traduzir esse conhecimento em comportamentos concretos que fortalecerão o seu núcleo externo. No fim, é esse trabalho – e a sua diligência ao executá-lo – que moldará, definirá e determinará seu sucesso como ser humano e líder.

Figura 1.3: As sete dimensões da Liderança Inteligente

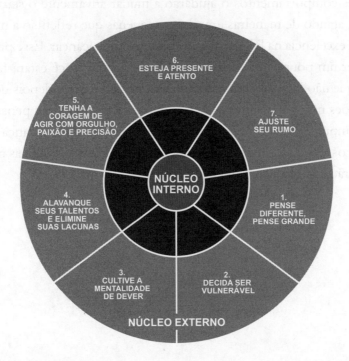

Finja até conseguir

Quando eu jogava beisebol na infância, um dos meus treinadores favoritos usava a expressão "finjam até conseguir" sempre que ensinava uma nova habilidade ao time. Basicamente, a ideia é fingir que consegue fazer alguma coisa até realmente ser capaz de fazê-la. Com isso, antes mesmo de dominar uma nova habilidade, você terá aprendido a *mentalidade* de quem a possui, o que acelera o processo.

Com o passar dos anos, descobri que essa abordagem de desenvolvimento pode nos ajudar a aprender muito mais do que rebater uma bola curva no beisebol.

Em cada capítulo do livro, apresentarei o que chamo de "comportamentos iniciadores", que você poderá aplicar para começar a dominar cada dimensão da Liderança Inteligente.

Esses comportamentos o ajudarão a mudar ativamente o seu núcleo interno, agindo de maneiras grandes e pequenas que refletirão a mentalidade da excelência na liderança que está tentando alcançar. Esse processo pode ser um pouco incômodo no começo, porque você estará fazendo coisas que não lhe parecem naturais. Mas, com o tempo, depois de repetidas ações novas e positivas, você começará a ver que, sem pensar, está sendo impulsionado e orientado pela mentalidade da Liderança Inteligente, e os resultados no seu desempenho e seu impacto sobre as pessoas começarão a surgir naturalmente.

2

Pense diferente, pense grande

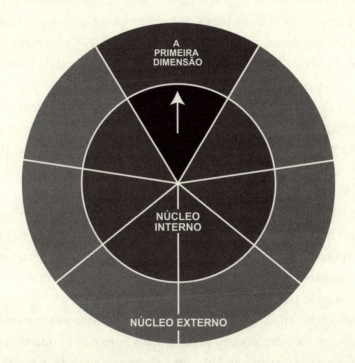

Ao ler o título deste capítulo, você pode ter se lembrado da hoje clássica campanha publicitária de 1997 de Steve Jobs e da Apple Computer. Se for jovem demais para se lembrar do anúncio, que muitos consideram a mais icônica campanha de marketing de todos os tempos, dê uma pesquisada no Google. O comercial de TV da campanha que marcou o retorno de Jobs à Apple, depois de 15 anos afastado, mostra algumas cenas das pessoas mais brilhantes da história – Einstein, Dylan, Earhart, King Jr.,

Lennon, Ali – enquanto uma voz lê: "Porque as pessoas que são loucas o suficiente para achar que podem mudar o mundo são as que, de fato, o mudam". A tela escurece e as palavras "Pense diferente", acompanhadas do logotipo da Apple Macintosh, são exibidas em silêncio.

A mensagem continua sendo forte. Na época, foi revolucionário. Quando Jobs revelou a campanha em uma de suas famosas apresentações, a plateia aplaudiu de pé. Na época ninguém tinha como saber, mas o slogan "Pense diferente" acabou se tornando o sinônimo da marca Apple e ajudaria a criar as bases de uma empresa que nos deu algumas das tecnologias mais revolucionárias da história. Para muitas pessoas "pensar diferente" passou a ser uma qualidade essencial da liderança do século 21 – para outras, todo um estilo de vida.

Assim, devo dar a Jobs e à equipe de marketing da Apple do fim dos anos 1990 pelo menos parte dos créditos por inspirar a primeira dimensão da Liderança Inteligente. Mas não escolhi esse slogan só porque achei bonito. Aprendi a eficácia de pensar diferente e pensar grande diretamente do próprio Jobs.

Tive o privilégio de ter sido o coach de Steve em 2010. Foi nos últimos anos de sua vida, e ele estava começando a pensar sobre seu legado. Queria que eu o ajudasse a se aprofundar em seu núcleo interno para ter o maior impacto possível no mundo – família, amigos, empresa e muito mais – antes de falecer.

Posso dizer com sinceridade que, apesar de Jobs ter *me* contratado para ser seu coach de liderança, eu aprendi mais com ele do que ele comigo. Você pode não se surpreender com isso, visto que Jobs é considerado uma das mentes mais brilhantes e influentes de sua geração, mas o que mais me impressionou não foi necessariamente seu brilhantismo, mas o profundo senso de propósito que ele sentia em seu trabalho. Nunca vou me esquecer de uma conversa que tivemos, que acabou forjando minha abordagem para o desenvolvimento da liderança.

"Mattone", ele disse (ele nunca usava meu primeiro nome durante nossas sessões), "quero contar uma coisa que pouca gente sabe." Fiquei curioso para saber o que ele tinha para me contar. Ele continuou: "Você se lembra da campanha Pense diferente?".

"Claro que sim", respondi.

"Bem, aquela campanha foi feita para anunciar o relançamento da marca Apple e para aumentar as vendas dos nossos produtos, mas, quando subi ao palco naquele dia para fazer minha apresentação, eu estava, em muitos aspectos, falando simbolicamente."

Pego de surpresa, perguntei: "O que você quer dizer com 'simbolicamente'?". Tive um calafrio ao ouvir a resposta. Ele disse algo como: "Eu sabia que aquela era a minha única chance de compartilhar, não só com o meu pessoal da Apple, mas com o mundo inteiro, tudo o que aprendi nos 15 anos que passei longe da empresa. Nesse período, refleti muito e cresci muito, como líder e como ser humano. O que aprendi se tornou um dos pilares da Apple: se você quer obter resultados diferentes na sua vida pessoal ou no seu trabalho – se essa for a sua visão –, precisa ter coragem de sair da sua zona de conforto e abalar os seus próprios alicerces. Você precisa estar disposto a pensar grande sobre si mesmo e sobre as contribuições que pode dar para o mundo".

Para Jobs, "Pense diferente" era mais uma revelação espiritual do que um slogan de marketing. Como ele me contou, a campanha de marketing foi só uma desculpa para compartilhar essa epifania com o mundo. E deu certo. Uma geração inteira de pessoas foi inspirada não só pelos fenomenais produtos da Apple (peço desculpas se você for fã do Android ou dos PCs), mas também pela abordagem que Steve apresentou naquele dia.

"Pense diferente, pense grande" se tornou um dos pilares do meu trabalho porque constatei, vez após vez, que, se você quer se tornar um grande líder, tudo começa com a sua mentalidade. Se realmente quer ser mais, mudar, se transformar em algo diferente, inevitavelmente também terá de mudar sua maneira de pensar. Você terá de dar um salto e adotar uma visão mais abrangente de si mesmo e do mundo e, no processo, pode ter de deixar para trás algumas de suas formas de pensar obsoletas e tacanhas. Você precisa se dispor a pensar de uma maneira diferente e maior do que pensava antes.

Esse insight é o primeiro passo da jornada da Liderança Inteligente. Foi por isso que o escolhi para ser a primeira dimensão do modelo. Trata-se de um fator absolutamente indispensável para se tornar um grande líder.

Neste capítulo, descreverei em detalhes o conceito de pensar diferente e pensar grande, a importância dessa abordagem para desenvolver sua liderança e como você pode começar a aplicar essa forma de pensar na sua vida.

Seja um criador de tendências

No início do livro, defini a liderança simplesmente como "um exemplo a ser seguido pelos outros". Uma das qualidades dos grandes líderes que atraem as pessoas é sua capacidade de pensar fora da caixa, ou seja, de criar, para problemas comuns, novas soluções que mudam os rumos de qualquer coisa, seja ela um projeto, uma empresa ou um país inteiro. A disposição de questionar o *status quo* em qualquer contexto pode ajudá-lo a dar o exemplo para a sua equipe. E, se as pessoas virem que você está se esforçando para pensar diferente, elas podem se sentir encorajadas a fazer o mesmo. Você criará uma cultura de inovação e evolução.

Steve Jobs é, naturalmente, um exemplo perfeito dessa qualidade. Ele tinha uma capacidade incrível de ver a tecnologia pelos olhos dos usuários, enquanto muitos de seus concorrentes estavam ignorando – ou deixando de valorizar – a importante questão da interface entre humanos e tecnologia. Sua dedicação à missão de usar a tecnologia para empoderar as pessoas transformou o setor para sempre, contribuindo com invenções revolucionárias como o computador pessoal, o iPod e o smartphone. Ele não tinha medo de pensar diferente e acabou mudando o mundo.

Graças em parte a Jobs, "pense diferente" ganhou um grande glamour nos dias de hoje. Quem não gostaria de ser um inovador ou um pensador revolucionário? Mas uma grande parte de pensar diferente é ter coragem e força de caráter para defender suas ideias mesmo se elas não forem populares. Pensar diferente, por definição, o coloca em conflito direto com o *status quo*, com as tradições e convenções. Talvez você tenha visto o filme *O homem que mudou o jogo*, estrelado por Brad Pitt, que conta a história do time de beisebol profissional Oakland As no início deste século. O famoso gerente-geral Billy Beane mudou o beisebol para sempre com seu pensamento inovador. Os Oakland As estavam à beira da irrelevância em 2002, com um orçamento apertado e jogadores do terceiro escalão. Beane fez uma parceria com Peter Brand, um economista desconhecido formado pela Universidade Yale (interpretado no filme por Jonah Hill), que criou uma abordagem radical para recrutar novos talentos com base em matemática e estatísticas complexas. Como seria de esperar, Beane enfrentou uma enorme resistência à sua proposta de implementar em larga escala a abordagem de Brand e foi criticado de todos os lados: pelo treinador, pelos jogadores, pelos outros gerentes gerais, pela imprensa especializada e até pelos fãs. Mas Beane manteve-se fiel a suas convicções, negando-se a fazer concessões, e conseguiu levar o time até as finais. Sua disposição para pensar diferente e defender sua forma de pensar acabou transformando toda a cultura do beisebol profissional.

Mesmo assim, a ideia de "pensar diferente" não é tão comum entre os mais importantes líderes de negócios quanto seria de imaginar. Avra Lyraki, coach executiva grega que passou a maior parte de sua carreira atuando nas áreas de desenvolvimento de recursos humanos e comunicação corporativa em diversos setores, constatou que a maioria dos CEOs com quem ela trabalha fica aterrorizada com a ideia de pensar diferente. Mesmo sendo pessoas fortes, com muitas qualidades extraordinárias de liderança, esses líderes tendem a ser mais conservadores em sua forma de pensar.

Faz sentido. Quando você está em uma posição de autoridade, precisa lidar com uma enorme pressão e uma enorme responsabilidade. Você deve prestar contas das suas decisões aos investidores, ao conselho de administração, aos funcionários, aos clientes e ao mercado. Você não quer cometer erros, porque suas decisões têm um peso enorme. Em consequência, os CEOs tendem a ser muito avessos ao risco. Se as coisas estiverem indo bem, os lucros estiverem seguindo na direção certa e não houver grandes problemas, o caminho mais lógico muitas vezes tende a ser manter a situação estável e evitar mudanças.

É claro que essa mentalidade mais conservadora tem suas vantagens. Como um líder, você não pode perturbar e questionar o *status quo* o tempo *todo*. Você precisa criar alguma estabilidade para a sua equipe. Também é importante aproveitar os aspectos testados e comprovados da sua estratégia e dos sistemas que estão funcionando bem. Mas, se também não incluir uma dose de disrupção de vez em quando e não se mantiver aberto a novas ideias, oportunidades e jeitos de fazer negócios, você ficará obsoleto e acabará deixado para trás.

Tenha uma visão grandiosa

Em seu discurso ao Congresso dos Estados Unidos em 25 de maio de 1961, o presidente John F. Kennedy fez uma promessa ousada: até o fim da década, o país colocaria um homem na Lua. Foi uma afirmação radical, recebida com muito ceticismo. Na época, o programa espacial norte-americano não estava avançando na velocidade suficiente para atingir um objetivo tão grandioso, arrastando-se atrás de seu rival na Guerra Fria, a União Soviética, e poucas pessoas acreditavam que os Estados Unidos conseguiriam realizar essa façanha. Mas Kennedy, com o apoio de seus assessores, viu uma possibilidade diferente para o Projeto Apollo. Ao dar essa declaração em público, ele fez uma aposta simbólica que mobilizaria as forças políticas, econômicas e financeiras necessárias para atingir aquele objetivo aparentemente impossível. Oito anos depois, pouco antes do fim da década, a visão de Kennedy se tornou realidade quando Neil Armstrong deu os primeiros passos na Lua, sob os olhares do mundo inteiro.

Kennedy, como tantos grandes líderes, sabia do poder de uma grande visão para realizar algo novo. Essa é uma das dimensões mais importantes da Liderança Inteligente: se você quer liderar, precisa ser capaz de inspirar as pessoas a ver a si mesmas, sua vida e seu trabalho em um contexto mais amplo. Você deve cultivar, pelo menos até certo ponto, a capacidade de criar um propósito abrangente que as pessoas podem usar para orientar suas ações.

Para fazer isso, você vai precisar de muita coragem. Pensar grande arranca as pessoas de sua zona de conforto, o que pode ser assustador. A maioria das pessoas, quer elas admitam ou não, não tem interesse em "pensar grande". Elas estão satisfeitas com o *status quo* e preferem levar a vida na segurança de sua zona de conforto, em vez de almejar um objetivo mais imponente. A simples ideia de "pensar grande" pode causar calafrios nas pessoas. Faça o teste: imagine uma visão grandiosa para si mesmo, como ser um enorme sucesso, tentar realizar um sonho que sempre teve mas acabou deixando de lado, atingir um novo nível de liderança em alguma área da sua vida. Aposto que pelo menos uma pequena parte sua ficou aterrorizada com a sua visão, uma parte que não quer ter absolutamente nada a ver com o sucesso ou a mudança que você está vislumbrando.

Tudo bem se você sentiu uma resistência a pensar. É uma reação natural. O *status quo* não é algo que só existe "lá fora", na sociedade ou em uma organização, é também algo que todo mundo tem dentro de si. É aquela vozinha que fala na nossa cabeça e nos ajuda em muitas circunstâncias. É um medo saudável da disrupção e do desconhecido que nos mantém com os pés no chão. É o caminho percorrido por muitos, do conforto e da estabilidade, que possibilita muitas coisas no nosso mundo.

Mas, se você quer ser um líder, precisa aprender a ver o medo de pensar grande como o que ele realmente é e, ocasionalmente, agir apesar desse medo. Você precisa ter a coragem de fazer a sua própria promessa de "levar o homem à Lua", seja para beneficiar a si mesmo ou em prol de algo maior, e reunir os recursos necessários para cumprir essa promessa.

> **De olho no longo prazo**
>
> Um aspecto importante do conceito de pensar grande é a capacidade de sustentar uma visão por um bom tempo, mesmo diante das dificuldades do dia a dia de uma organização ou iniciativa. Essa capacidade é indispensável para a implementação do seu "Projeto Apollo" e para enfrentar os inevitáveis contratempos, críticas e resistência à mudança que a empreitada enfrentará. Jeff Bezos, o CEO da Amazon, tem um ponto de vista interessantíssimo sobre a visão de longo prazo, que ele compartilhou em 2011 na entrevista que concedeu a David LaGesse, da *U.S. News & World Report*:
>
>> Acredito que toda empresa precisa de uma visão de longo prazo. Se você pretende adotar uma orientação de longo prazo, deve estar disposto a abaixar a cabeça e seguir em frente, ignorando uma grande variedade de críticos, inclusive os bem-intencionados. Se você não estiver disposto a passar um bom tempo sendo mal interpretado, não poderá ter uma orientação de longo prazo. Como já fizemos isso muitas vezes e saímos vivos do outro lado, temos muitas histórias na empresa que podemos contar a nós mesmos. Podemos passar sede enquanto cruzamos o deserto, mas seguimos em frente porque acreditamos que tem um oásis do outro lado.

Você pensa grande?

A esta altura, espero que esteja começando a pensar até que ponto incorpora as qualidades de pensar diferente e pensar grande. Pela minha experiência, esse tipo de reflexão pode levar a algumas direções diferentes. Pode ser que você já se considere o tipo de líder que não tem medo de dar uma agitada nas coisas pensando fora da caixa ou criando uma grande visão para a sua equipe; pode ser que tenha se identificado com os exemplos que dei até agora. Por outro lado, pode estar um pouco intimidado com a ideia toda e achando que simplesmente essa qualidade não serve para você. Ou pode estar sentindo uma mistura dos dois.

De qualquer maneira, se quiser cultivar essa dimensão da liderança ou reforçar as qualidades que já tem, é importante fazer um exercício de reflexão.

Você encontrará abaixo uma lista de atributos e comportamentos que normalmente são associados a pensar diferente e pensar grande. São "indicadores de tendência" que mostram até que ponto você incorpora essa dimensão de liderança. A ideia aqui é ajudá-lo a fazer uma autoavaliação e ver quais áreas precisam de um reforço. Também são comportamentos que você pode colocar em prática imediatamente para ajudar a expandir a sua maneira de pensar.

Ao ler a lista, eu o encorajo a refletir se já incorporou ou não esses comportamentos à sua rotina. Depois de fazer sua autoavaliação sobre os itens da lista, consulte a sua rede de apoio para ver se eles concordam com a sua avaliação.

Reserve um tempo só para pensar

Um dos segredos para expandir sua capacidade de pensar é reservar um tempo só para fazer isso: pensar. Estou falando de um tempo livre de estímulos, distrações e interrupções, quando você pode deixar sua mente vagar livremente e pensar em coisas que não sejam as demandas do seu dia a dia.

Durante esse tempo, você pode olhar para a frente, visualizando um futuro novo e mais interessante do que o presente. Você pode vislumbrar em detalhes concretos uma nova meta, um sonho e uma visão que o motivem.

A maioria das pessoas nunca faz uma pausa para pensar no futuro de novas maneiras porque fica atolada até o pescoço nas demandas do presente ou nos arrependimentos do passado. Um dos segredos para pensar grande é reservar um tempo para essa prática, seja todo dia, toda semana ou todo mês. Você pode fazer isso de muitas maneiras diferentes, como fazendo caminhadas, meditando ou sentando em silêncio em casa ou no escritório. Descubra o que funciona para você. Eu, por exemplo, tenho as minhas melhores ideias durante longas viagem de avião. Eu nunca assisto a filmes ou ouço música. Eu faço questão de me "desconectar" totalmente, o que ao mesmo tempo livra e abre a minha mente.

Fique aberto a todas as ideias e oportunidades potenciais

Um dos maiores impeditivos de pensar grande é a tendência que muitas pessoas têm de descartar oportunidades potenciais antes da hora. É por isso que é tão importante cultivar o hábito de dizer "sim" antes de dizer "não" quando se trata de novas ideias. Esse hábito pode se aplicar a ideias de outras pessoas ou às suas próprias.

Em 2016, recebi uma ligação de uma consultoria de recursos humanos sediada em Gaborone, Botsuana. Eles queriam que eu desse um curso de coaching executivo de três dias para os sócios da empresa. Relutei em aceitar o convite porque não sabia se eles conseguiriam me pagar. Anos antes, eu tinha aceitado dar um curso em Botsuana e só consegui receber metade do valor combinado, o que me levou a hesitar a aceitar essa nova proposta. Por outro lado, algo me dizia que poderia ser uma oportunidade importante para mim. Decidi correr o risco e aceitei o trabalho.

Na época, eu nunca tinha parado para reunir meu processo e minha abordagem de coaching num só lugar. Eu nunca tinha tido a chance de compilar um manual ou livro sobre a Liderança Inteligente e sabia que precisaria de um para treinar os sócios daquela consultoria. Assim, me dediquei a reunir todo o material que tinha e terminei com um manual de 600 páginas. O guia resultante estava longe de ser perfeito, mas a equipe de Botsuana o achou muito útil. Então eu tive uma ideia. Se eu conseguisse melhorar ainda mais o meu material de formação de coaches, poderia desenvolver todo um processo de treinamento e certificação de profissionais para ajudá-los a ser mais eficazes. E foi o que fiz.

Aquela experiência inicial acabou levando ao desenvolvimento do meu programa de Certificação em Coaching Executivo da Liderança

Inteligente, que veio a ser o aspecto de maior sucesso do meu negócio e da minha marca. Desde março de 2017, treinei e certifiquei pessoalmente mais de 400 coaches, em 47 países diferentes, e estamos só começando.

Não estou contando essa história para tentar impressionar você, mas para demonstrar a importância de manter-se aberto. Se eu tivesse simplesmente descartado a proposta da empresa de Botsuana, eu jamais teria tido a motivação para criar meu programa de treinamento de coaches. Por estar aberto às possibilidades, encontrei uma grande oportunidade que mudou toda a minha carreira.

Concentre-se em ideias concretas e que podem ser transformadas em ação

Ao praticar a arte de pensar diferente e pensar grande, é importante, pelo menos no começo, deixar a sua mente vagar sem restrições. Mas, eventualmente, vai ser interessante avançar na direção de ideias e perspectivas viáveis, que podem ser aplicadas no mundo real. Qualquer ideia, por mais revolucionária que seja, não tem valor algum se não puder ser transformada em ação. E, se você não seguir esse critério, todo esse exercício de "pensar grande" não levará a nada e você acabará desanimado e pessimista.

Assim, ao pensar em novas ideias e possíveis cursos de ação, não deixe de dividi-los em pedaços menores até encontrar um elemento executável. Ao deparar com novos problemas, analise várias soluções realistas. Diferentemente do que pode parecer à primeira vista, aplicar o rigor às suas grandes ideias não o restringirá. Pelo contrário, você terá uma base sólida para criar novas realidades.

Veja o que as pessoas acham das suas ideias

O velho ditado "duas cabeças pensam melhor do que uma" é especialmente aplicável ao exercício de pensar grande. Pela minha experiência, as melhores ideias costumam surgir de conversas com outras pessoas. Um tipo misterioso de alquimia acontece quando você revela as suas ideias para alguém. As pessoas contribuem com perspectivas diferentes que, quando combinadas às suas, podem criar novas perspectivas e possibilidades que você não teria como enxergar sozinho.

Desse modo, quando você estiver tentando pensar diferente e pensar grande, não deixe de compartilhar suas ideias com as pessoas nas quais você mais confia, pelo menos no começo. É claro que nem sempre vai ser fácil fazer isso. Você precisa ter maturidade para saber o que fazer com o feedback construtivo que receber. Você precisa ser capaz de controlar seu ego para viabilizar uma transformação positiva das suas ideias originais.

Comece com o fim em mente

Agora que você teve a chance de refletir sobre a sua capacidade de pensar diferente e pensar grande, pode estar se perguntando o que pode fazer para cultivar essas qualidades. Mesmo se você já se considera forte nessa dimensão – um pensador visionário e fora da caixa – e as pessoas o veem dessa forma, sempre há espaço para desenvolver essas qualidades a fim de aumentar ainda mais o seu impacto. A questão é: Como fazer isso?

O maior erro que as pessoas cometem ao tentar aplicar essa dimensão da Liderança Inteligente é achar que basta ter *força de vontade* para mudar o comportamento. As pessoas imediatamente colocam o cérebro para criar estratégias a fim de pensar fora da caixa em sua vida pessoal ou profissional ou tentam pensar na visão mais grandiosa possível para sua vida ou empresa.

É natural reagir assim. E também pode ajudar, mas só até certo ponto. Como as outras dimensões da Liderança Inteligente, para pensar diferente e pensar grande você precisa trabalhar em um nível mais profundo do que seus comportamentos do núcleo externo e mergulhar em seu núcleo interno. Foi o que Steve Jobs fez nos 15 anos de introspecção antes de seu retorno revolucionário à Apple. E o caminho para o seu núcleo interno é entrar em contato com o que chamo de seu "propósito central".

O que quero dizer com "propósito central"? Quando se trata de Liderança Inteligente, conhecer seu propósito central é a forma definitiva de pensar grande. Tudo começa fazendo a si mesmo grandes perguntas:

- Por que estou aqui?
- O que eu nasci para fazer?
- O que só eu tenho a oferecer ao mundo?

A ideia de identificar o seu propósito central é lançar a luz mais brilhante possível na sua vida e nos seus objetivos pessoais. Com isso, você é capaz de ver seu enorme potencial e as muitas maneiras nas quais pode estar inconscientemente refreando-o.

Bilhões e bilhões

Quando eu quero ter uma perspectiva mais ampla do meu lugar no universo, gosto de recorrer ao finado astrônomo Carl Sagan. Sagan sabia descrever como ninguém a vastidão indescritível do cosmos, e sua frase de efeito "bilhões e bilhões", usada para descrever o número infinito de estrelas no universo, inspirou toda uma geração de pessoas a olhar para o céu com um novo senso de admiração e maravilhamento.

Um dos meus truques favoritos para entrar em contato com um senso de propósito mais profundo é passar um tempo olhando para o céu à noite, contemplando o fato de que estamos todos flutuando num pequeno planeta no meio de um universo incompreensivelmente grande. Esse exercício de contemplação me ajuda a ver a preciosidade de todos os momentos no tempo e no espaço e dá mais foco, clareza e sentido à minha breve vida neste planeta.

Pode parecer piegas, mas esse tipo de contemplação ajuda muito. Você pode ter inventado algum truque diferente para expandir sua perspectiva ou pode usar alguma prática antiga para se conectar a uma visão mais ampla da sua experiência. Independentemente da técnica escolhida, a ideia é se esforçar para olhar além do seu próprio umbigo e ver a sua vida no contexto mais amplo possível.

Esse tipo de exploração pode ser difícil no começo, porque a maioria das pessoas não está acostumada a pensar em si mesma, ou na própria vida, em um contexto tão amplo. Muitos de nós evitamos fazer essas perguntas por medo do que podemos descobrir. Já trabalhei com muitos executivos de sucesso na faixa dos 60 anos que nunca tinham contemplado essas questões. Eles nunca consideraram fazer isso ou podem, inclusive, ter passado a vida toda evitando essas perguntas por medo de encarar as respostas.

Esse é o paradoxo da mudança. Por um lado, todos nós desejamos ser mais, atingir nosso potencial e ter um enorme impacto no mundo. Mas, por outro lado, temos muito medo do tipo de caos que esse tipo de mudança pode causar na nossa vida. Muitos de nós somos mais viciados no *status quo* do que imaginamos, ou do que gostaríamos de admitir, e muitas vezes nos contentamos com uma vida medíocre na nossa zona de conforto.

A verdade é que precisamos de mais líderes dispostos a se fazer essas grandes perguntas. Devemos isso a nós mesmos, mas, ainda mais importante, às pessoas que contam conosco – nossa família, nossa equipe, nossa organização. Se você realmente quer causar um impacto verdadeiramente positivo no mundo ao seu redor, não pode deixar de ir mais fundo. A recompensa vale a pena. Os mesmos clientes executivos que nunca tinham feito esse tipo de investigação tiveram excelentes resultados porque ousaram pensar em sua vida nesse contexto mais amplo. Eles descobriram talentos e forças em si mesmos que tinham passado a vida inteira escondidos.

Deu para ver como essa exploração lhe permitirá incorporar o espírito da campanha "Pense diferente" de Jobs? Ou criar o seu próprio Projeto Apollo pessoal? As pessoas que têm uma profunda conexão com quem são e com o motivo de estarem neste planeta exalam um tipo de clareza capaz de ultrapassar qualquer resistência, interna ou externa. Esse é o segredo para ser um pensador e um líder realmente independente. Todas as ações dos líderes "orientados ao propósito" os ajudam a chegar ao destino que eles têm em vista, e eles contam com uma sólida base interna que lhes permite expressar suas perspectivas e seus talentos sem igual, independentemente do *status quo*.

Então, minha pergunta é: Você sabe qual é o seu propósito? Sabe o que você nasceu para fazer?

Não deixe que sua visão grandiosa lhe suba à cabeça

Acredito que todas as qualidades humanas, incluindo as dimensões da Liderança Inteligente, têm uma expressão saudável e uma prejudicial. Cada dimensão deve ser equilibrada com todas as outras para que uma qualidade não se sobreponha demais às outras. É como diz o velho ditado: "Tudo com moderação". À medida que avançarmos pelos próximos capítulos, veremos como as várias dimensões da Liderança Inteligente interagem umas com as outras para criar uma expressão da excelência na liderança. Também destacaremos as potenciais armadilhas de cada dimensão na ausência desse equilíbrio.

Por exemplo, pensar grande e diferente demais pode levar à arrogância e à incapacidade de construir relacionamentos fortes com as pessoas. O próprio Steve Jobs apresentava o lado bom e o ruim de pensar grande. Sua relutância em fazer concessões às vezes tornava difícil trabalhar com ele. Seu intenso compromisso de sempre pensar diferente muitas vezes criava nele um senso de superioridade que o impedia de cultivar muitos relacionamentos em sua carreira. Houve diversos relatos de que pensar grande o levava a exigir demais das pessoas, o que contribuiu para que ele fosse afastado da Apple em 1985. Se você ficar focado demais na sua visão grandiosa e negligenciar os detalhes e os relacionamentos necessários para concretizar essa visão, poderá enfrentar os mesmos problemas que Jobs.

Ao se engajar nessa dimensão da Liderança Inteligente, não deixe de manter seu ego sob controle. Preste atenção à maneira como a sua visão grandiosa pode estar afetando as pessoas e conscientize-se das suas próprias motivações. Um dos sinais de que pensar grande está lhe subindo à cabeça é que você começa a ter mais interesse em mostrar que é a pessoa que tem novas ideias do que nas ideias em si. Você pode resistir às ideias dos outros e querer competir com as pessoas que estão praticando essa dimensão da Liderança Inteligente.

Se isso acontecer, não se preocupe. Essa tendência é natural e é fácil ajustar o rumo se perceber que seu ego está indo por esse caminho. Você só precisa ficar atento e ir fazendo ajustes quando perceber que alguma consequência negativa está começando a surgir. Faça o que for preciso para manter a humildade. Volte à sua declaração de propósito central e veja se o seu comportamento está alinhado com essa grande visão. As outras dimensões da Liderança Inteligente também podem ajudá-lo a manter a humildade, principalmente as duas que discutiremos a seguir: "Decida ser vulnerável" e "Cultive a mentalidade de dever". Como veremos mais adiante, quando praticadas juntas, essas três dimensões da Liderança Inteligente criam um poderoso equilíbrio entre confiança, força e humildade, que elevará suas capacidades de liderança.

Exercício: desenvolva sua declaração de propósito central

Para ajudá-lo a identificar seu propósito mais profundo, gostaria de apresentar um exercício que faço com todos os meus clientes bem no início de nosso trabalho juntos: elaborar uma "declaração de propósito central". Essa declaração é uma simples descrição da visão mais grandiosa e mais fundamental que você conseguir articular para si mesmo. A sua declaração de propósito central deve incluir a essência da pessoa que você quer se tornar, as qualidades que deseja desenvolver, o que anseia realizar e quais contribuições deseja fazer. Ela deve ser o princípio que você usa para tomar todas as decisões da sua vida, tanto as simples quanto as mais profundas.

A criação de uma declaração de propósito central é algo comum entre líderes. Veja alguns excelentes exemplos de CEOs de sucesso:

- Denise Morrison, CEO da Campbell Soup Company: *Servir como uma líder, ter uma vida equilibrada e aplicar princípios éticos para fazer uma grande diferença.*

- Joel Manby, CEO da Herschend Family Entertainment: *Minha definição de sucesso envolve viver em alinhamento com a minha declaração de missão pessoal: amar a Deus e aos outros.*
- Oprah Winfrey, fundadora da Oprah Winfrey Network, OWN: *Ser uma professora. E ser conhecida por inspirar meus alunos a serem mais do que eles achavam que poderiam ser.*
- Sir Richard Branson, fundador do Virgin Group: *Curtir a [minha] jornada pela vida e aprender com os [meus] erros.*
- Amanda Steinberg, fundadora do DailyWorth.com: *Usar minha inteligência, meu carisma e meu otimismo para cultivar a autoestima e o valor das mulheres do mundo todo.*

Apesar de todos os exemplos terem só uma frase, uma boa declaração de propósito central pode ter apenas algumas palavras ou várias páginas. Pode ser em forma de poesia, prosa, música ou pintura. Para lhe dar uma ideia de um tipo diferente de declaração de propósito central, veja uma que elaborei para mim mesmo:

> *Quero desenvolver o autoconhecimento, o amor-próprio e o autorrespeito. Quero usar meus talentos de cura para manter a esperança viva e expressar minha visão com coragem em palavras e ações. Na minha família, quero construir relacionamentos saudáveis e amorosos que permitam que cada um seja o seu melhor. No trabalho, quero criar um ambiente autoperpetuador no qual as pessoas se sintam livres para aprender, sem apontar culpados. No mundo, quero cultivar o desenvolvimento de todas as formas de vida, em harmonia com as leis da natureza. Quero agir de maneiras a trazer à tona o que há de melhor em mim e nas pessoas importantes para mim, especialmente quando seria mais justificável agir de outra forma.*

Agora que você viu alguns exemplos de declarações de propósito central, chegou a hora de fazer a sua. Para orientá-lo nesse processo, reuni uma série de perguntas que o ajudarão a elaborar a sua declaração. Tente dar as respostas mais completas possíveis antes de escrever seu primeiro rascunho.

Enquanto faz o exercício, é importante não se sentir sobrecarregado ou tentar escrever uma frase perfeita. Uma declaração de propósito central empoderadora não é uma "lista de tarefas" que você vai consultar de tempos em tempos para ticar os itens. É um documento vivo. Você deve refletir sobre ele, memorizá-lo, revisá-lo, atualizá-lo e gravá-lo no seu coração e na sua mente.

Para começar, responda às perguntas a seguir:

- O que eu realmente gostaria de ser e fazer da minha vida?
- Quais são meus principais pontos fortes?
- Como eu quero ser lembrado?
- Quem é a pessoa que causou o maior impacto positivo na minha vida?
- Quais foram os momentos mais felizes da minha vida?
- O que eu faria se tivesse tempo e recursos infinitos?
- Se eu tivesse de escolher uma única coisa na minha vida *profissional* que causasse o impacto mais positivo, o que seria?
- Se eu tivesse de escolher uma única coisa na minha vida *pessoal* que causasse o impacto mais positivo, o que seria?
- Quais são as três ou quatro coisas mais importantes para mim?
- Qual é a melhor contribuição que eu posso fazer no mundo?

Agora, imagine-se no futuro. Visualize o fim da sua vida. Você está cercado de parentes, amigos e colegas cuja vida você afetou. Um a um, eles se inclinam para sussurrar suas últimas palavras para você.

- O que cada um sussurraria?
- Que diferença você fez na vida deles?
- Por quais qualidades ou características você será lembrado?
- Qual contribuição notável sua eles mencionariam?

Agora que você refletiu e respondeu às perguntas, está pronto para escrever um rascunho da sua declaração de propósito central. Como vimos, a sua declaração pode ter só uma frase ou até várias páginas e assumir a forma que você preferir. Escreva um rascunho e deixe-o de lado por um tempo. Volte a ele em alguns dias ou uma semana e o leia com um olhar renovado. Faça os ajustes necessários e revise-o sempre que achar necessário.

Esse exercício é uma das coisas mais importantes que você pode fazer para entrar em contato com o seu núcleo interno, que é a fonte do seu potencial de liderança e do seu potencial humano. Se você o levar a sério, verá que, no processo, começará a incorporar naturalmente a primeira dimensão da Liderança Inteligente e a demonstrar o espírito do "Pense diferente" que orientou e impulsionou tantos grandes líderes ao longo da história. Veja por si só. Eu garanto que vai ficar satisfeito com os resultados.

3

Decida ser vulnerável

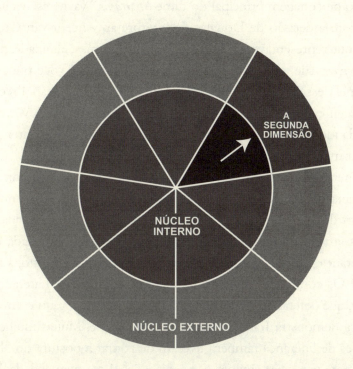

Na minha infância, John Wayne era uma das maiores estrelas de cinema dos Estados Unidos. Ele interpretou heróis em incontáveis filmes de faroeste e de guerra do fim dos anos 1930 até os anos 1960, e se consolidou no panteão dos ícones americanos como um símbolo de masculinidade. Tamanha foi sua influência que seu nome se tornou, em muitos aspectos, sinônimo de homem forte, no sentido de uma pessoa que usa a força e a intimidação para conseguir o que quer no mundo, sem revelar o que pensa ou o que sente e sem jamais demonstrar fraqueza.

Na biografia *John Wayne: The Life and Legend*, publicada em 2014, o autor Scott Eyman conta uma história que descreve à perfeição o papel que Wayne desempenhava (e, em alguns aspectos, continua a desempenhar) na sociedade americana. Dizem que, numa festa em 1957, Wayne confrontou o ator Kirk Douglas, famoso por interpretar sujeitos "durões", como o personagem principal do filme *Spartacus*. Wayne estava incomodado com a decisão de Douglas de interpretar Vincent van Gogh, um artista que representava um lado mais sensível da masculinidade, no filme *Sede de viver*. Ele teria dito: "Caramba, Kirk! Como é você pôde aceitar um papel desse? Nós já somos quase uma raça em extinção. Precisamos interpretar caras fortes e durões". Ser forte e durão era, para Wayne, uma parte da identidade que ele passou a vida construindo e mantendo para inspirar milhões de fãs.

A mentalidade "John Wayne" tem raízes tão profundas na cultura americana que gerações inteiras de homens e mulheres que nunca viram um de seus filmes são afetadas por sua abordagem à vida. E em poucas áreas da sociedade essa influência é mais pronunciada do que na liderança, especialmente na liderança corporativa. De fato, a maioria dos CEOs com quem trabalho frequentou a Escola de Liderança John Wayne, que defende uma atitude prática, que resiste a tudo com valentia e nunca demonstra fraqueza nem vulnerabilidade. Muitas mulheres em posições de liderança também tiveram de adotar a postura do "homem forte" para gerenciar equipes e organizações. Essa mentalidade é considerada por muitos o "padrão ouro" da liderança.

No entanto, descobri que um dos fatores mais importantes para atingir a excelência na liderança é, de certa forma, o oposto dessa mentalidade John Wayne: a vulnerabilidade. É isso mesmo. Estou falando da disposição de se abrir, revelar suas cartas, aceitar conselhos, admitir os erros e mostrar-se vulnerável às pessoas. É o tipo de comportamento que pode fazer o John Wayne rolar no túmulo, mas, por experiência própria, descobri que a disposição de ser vulnerável é indispensável para tornar-se um excelente líder.

Essa dimensão da Liderança Inteligente apresenta uma espécie de paradoxo que muitos líderes não entendem, mas que os melhores conhecem muito bem: a vulnerabilidade não faz de você uma pessoa fraca, como os John Waynes do mundo podem acreditar. A vulnerabilidade, pelo contrário, vai fortalecê-lo. Essa atitude o abrirá a novas possibilidades para si mesmo e sua equipe, oportunidades que você jamais teria imaginado. Ela cultivará a confiança entre os membros da sua equipe. E, mesmo parecendo um contrassenso, pode torná-lo *in*vulnerável a muitas armadilhas resultantes de comandar uma equipe, empresa ou organização.

Não estou sugerindo que a mentalidade de liderança de John Wayne esteja completamente errada. Na verdade, muitos elementos da postura de homem durão são importantes para uma liderança forte. Por exemplo, em alguns momentos os líderes precisam lutar por suas convicções, confiar nos próprios instintos e agir em oposição direta às pessoas ao seu redor. No entanto, a vulnerabilidade, quando bem utilizada, é uma excelente ferramenta que até os mais durões podem usar para se tornar líderes e seres humanos ainda mais fortes. Não estou falando do tipo de vulnerabilidade *involuntária*, da qual você não pode escapar, como ter de ceder à pressão ou ser pego de surpresa por um problema ou uma crise inesperada. Estou falando de se abrir deliberadamente. É por isso que chamo essa dimensão da Liderança Inteligente de "*decida* ser vulnerável". É uma decisão consciente que você, como líder, toma de ser humilde, pedir o feedback sincero das pessoas e admitir que não sabe todas as respostas.

Tome a decisão de ser vulnerável

Preciso confessar que preguei uma pequena peça em você. Embora "Pense diferente, pense grande" seja a primeira dimensão do processo de Liderança Inteligente, decidir ser vulnerável é a mais *importante*. Mas por que, então, ela entrou em segundo lugar? Porque a ideia de pensar diferente e pensar grande tem mais apelo e é um conceito que as pessoas tendem a associar à excelência na liderança. É uma ideia mais interessante e que não parece intimidar tanto os líderes como acontece com a vulnerabilidade. A ideia de pensar diferente e pensar grande ajuda a atrair as pessoas ao processo de mudança da Liderança Inteligente e a entender o potencial que a abordagem tem de revolucionar sua vida. Também ajuda as pessoas a determinar uma visão grandiosa para o tipo de líder que elas gostariam de ser.

Mas é ao decidir ser vulnerável que a coisa realmente fica séria. Praticamente todos os executivos com quem trabalho dizem que esse é o aspecto mais marcante do nosso trabalho juntos. Esses executivos tendem a ser formados na Escola de Liderança John Wayne e, mesmo sem saber, vivem com base na premissa de que vulnerabilidade é igual a fraqueza. Eles chegaram aonde estão na carreira, sendo que a maioria deles chegou bem longe, sem muita vulnerabilidade, ou até sem nenhuma. Eles não só sobreviveram como conseguiram ter sucesso no implacável mundo dos negócios e têm os cargos e as cicatrizes de guerra para provar isso.

Mas quase todos os executivos com quem eu trabalho ficam paralisados em algum ponto de seu desenvolvimento e precisam de algo novo para dar o próximo passo. Esse próximo passo quase sempre é viabilizado ao tomar a decisão de ser vulnerável – comigo, com sua rede de colegas e, finalmente, consigo mesmos. É assim que começa o processo de transformação. A vulnerabilidade "amolece" as pessoas e as abre à possibilidade de mudar. E, no fim de sua jornada, a maioria dos meus clientes diz que a vulnerabilidade foi a etapa mais difícil, apesar de importantíssima, para ajudá-los a levar sua liderança para outro nível.

Dito isso, vamos passar um tempo explorando os vários aspectos da decisão da vulnerabilidade e como você pode começar a aplicar esse conceito na sua vida.

O portal para a mudança

"É impossível mudar sem vulnerabilidade." Essa afirmação ousada, porém, verdadeira, foi feita por um colega chamado Curtis Smith, que serviu na Marinha dos Estados Unidos e hoje comanda uma empresa de consultoria corporativa em Ohio. Ele conhece muito bem a abordagem John Wayne de liderança, tanto por sua experiência na Marinha quanto por seu trabalho atual na área de gestão corporativa. E está muito ciente das limitações dessa abordagem. As empresas procuram Curtis para evoluir de alguma forma, e, como eu, ele descobriu que, para garantir a eficácia de qualquer iniciativa de mudança, o primeiro passo é trabalhar a vulnerabilidade.

Um dos principais aspectos da vulnerabilidade é ser humilde ou, em outras palavras, reconhecer que você não sabe todas as respostas. Essa pode ser uma tarefa difícil para os líderes, que normalmente têm um ego enorme. Mas, se quiser mudar a si mesmo ou à sua empresa, você precisa ser humilde e reconhecer que não é perfeito e que alguns aspectos de sua personalidade, de seu comportamento, de seu estilo de gestão ou da cultura de sua empresa precisam ser melhorados. E isso requer vulnerabilidade.

O problema é que, uma vez que nos tornamos adultos, a mudança passa a não ser um processo necessariamente natural. As crianças, por outro lado, são como máquinas de mudar. Elas vivem em um rápido estado de crescimento, física, emocional e intelectualmente. Pense nisso. Se você passou seis meses ou um ano sem ver uma criança, é natural esperar que ela tenha mudado muito nesse intervalo. Mas é diferente com os adultos. Se você passar dois anos sem ver um parente ou amigo, não vai ficar muito surpreso ao notar que ele não mudou muito. O mundo não espera que mudemos depois de certa idade. Na verdade, o cérebro humano atinge a maturidade completa por volta dos 25 anos. Nossas vias neurais tornam-se menos maleáveis e mais rígidas. Nessa idade, a expectativa é que as pessoas escolham uma profissão, encontrem um emprego, se casem e tenham filhos, se estabeleçam e, em geral, "cresçam". E, para a maioria dos adultos, essa é a idade na qual tendemos a parar de nos desenvolver ativamente. Ficamos mais inflexíveis, muitas vezes por necessidade ou conveniência, e desenvolvemos uma espécie de "zona de conforto" cujos limites tendemos a respeitar.

A ideia de decidir ser vulnerável requer abalar essa zona de conforto e nos abrir para a possibilidade de mudar. Quando ficamos vulneráveis aos outros, derrubamos ativamente os muros que construímos ao nosso redor, começamos a relativizar nossas ideias fixas sobre as possibilidades e nos abrimos a ir além da nossa zona de conforto.

Veja bem, não estou sugerindo voltar ao comportamento que apresentávamos na infância. Isso seria ingênuo, contraproducente e perigoso. No entanto, para nos tornar mais vulneráveis, temos muito a aprender entrando em contato com aquele momento da nossa vida quando a mudança era algo natural.

A humildade é um atributo raro

Milhares de pessoas foram avaliadas com o Inventário do Eneagrama de Liderança de Mattone, que mede a força e a maturidade de uma variedade de traços de personalidade. Nossos respondentes tendem a se autodenominar líderes ou aspirantes a líder, de modo que os dados que coletamos ao longo dos anos nos mostraram padrões "psicográficos" típicos dos líderes. Estudando esses padrões, pudemos identificar os traços específicos nos quais os líderes tendem a ser mais fortes ou mais fracos.

Um padrão que em geral identificamos como um ponto fraco dos líderes é o traço do Ajudante. Esse traço é caracterizado por uma forte orientação a ter empatia e ajudar os outros. Os líderes que apresentam uma forte expressão dessa característica tendem a colocar as necessidades dos outros e do todo acima das suas. Nos exemplos mais maduros, isso leva a uma espécie de humildade.

No entanto, entre os líderes que estudamos (mais de 10 mil pessoas fizeram o Inventário do Eneagrama de Liderança de Mattone), descobrimos que o Ajudante é o traço menos comum e o mais fraco de todos. Ao que parece, líderes e aspirantes a líder não tendem a expressar um alto grau de empatia e "orientação ao outro". Pelo contrário, encontramos muitas expressões imaturas desse traço, nas quais as

> pessoas podem fazer coisas para ajudar os outros, mas sempre com algum tipo de interesse velado – esperando algo em troca.
>
> A vantagem é que, apesar de esse traço normalmente não ser muito desenvolvido, ele tem o potencial de fazer uma diferença enorme. Quando os líderes com quem trabalhei se concentraram em fortalecer esse atributo, o impacto em todas as outras áreas de sua vida foi exponencial. Eles descobrem que, quando conseguem acessar a motivação verdadeiramente altruísta de ajudar os outros, todas as suas outras capacidades são acentuadas a serviço desse objetivo. É essa característica, mais do que qualquer outra, que costuma revelar o verdadeiro potencial de um líder.
>
> Se você quiser saber em que grau expressa o traço do Ajudante e explorar as outras dimensões do Inventário do Eneagrama de Liderança de Mattone, pode acessar johnmattone.com/about/assessments/mlei/ (site em inglês).

Vulnerabilidade e os resultados financeiros

Curtis Smith, sobre quem falamos acima, me contou uma história que não só destaca a importância da vulnerabilidade no processo de mudança, mas também mostra como esse atributo pode afetar os resultados financeiros de uma organização. Curtis foi contratado por um executivo que tinha praticamente um Ph.D. pela Escola de Liderança John Wayne – vamos chamá-lo de Mark – para ajudá-lo a fazer uma complexa transição na empresa de tecnologia financeira que ele tinha fundado e comandava. A empresa estava passando por uma difícil fase de crescimento, e Mark estava se sentindo sobrecarregado. Ele constatou que precisava reestruturar a empresa para delegar mais responsabilidades a seus subordinados. Diante dessa necessidade, pediu ajuda a Curtis.

Não demorou muito para Curtis diagnosticar o problema, e, ao contrário do que Mark esperava, sua empresa não precisava necessariamente de um ajuste organizacional. A mudança era pessoal. Como tantas empresas construídas com o sangue, o suor e as lágrimas de um fundador apaixonado, o problema era que Mark não queria abrir mão do poder e do controle. Afinal, a empresa era a menina dos olhos dele. Ele a fundou e foi responsável por praticamente todos os aspectos de suas operações diárias durante anos. Mark podia não saber disso conscientemente, mas supunha que ninguém faria um trabalho tão bem quanto ele e que ele podia fazer tudo sozinho. O problema era que essa suposição estava criando um grande gargalo para o crescimento da empresa.

Curtis tentou mostrar essa realidade a Mark, mas, depois de vários meses trabalhando juntos, eles não estavam chegando a lugar nenhum. Mark simplesmente não conseguia se abrir. Afinal, ele tinha passado a vida inteira vendo a vulnerabilidade como uma fraqueza e não estava disposto a mudar isso agora. Na verdade, o único valor que Mark via na vulnerabilidade estava em alavancar esse atributo nos outros para tirar vantagem deles e progredir com base nisso. Curtis e Mark estavam num impasse.

Prestes a desistir, Curtis teve uma ideia. Ele contou a Mark sobre Jack Welch, presidente do conselho e CEO da General Electric de 1981 a 2001 e que é considerado um dos executivos de maior sucesso da história dos Estados Unidos. Nos anos 1990, a GE, como muitas empresas, estava com dificuldade de se adaptar à nova realidade resultante do crescimento e da popularização da internet. Welch percebeu que a maioria dos membros de sua equipe sênior de gestão era mais velha e tinha menos facilidade de transitar no novo mundo da internet. Em vista disso, ele decidiu criar um experimento em massa para explorar a vulnerabilidade.

Welch chamou esse experimento de "mentoria reversa". Ele colocou funcionários mais jovens, que tinham mais facilidade com a internet, para trabalhar lado a lado com integrantes mais velhos da alta administração, assim os primeiros poderiam ensinar as novas tecnologias aos últimos. O programa foi um enorme sucesso. A mentoria "de baixo para cima" ajudou a disseminar uma compreensão mais profunda das tecnologias da internet entre os gestores seniores, o que foi importantíssimo para eles se manterem à frente no cenário tecnológico em rápida mudança da época.

No processo, fortes vínculos foram construídos entre as duas gerações, o que facilitou uma espécie natural de mentoria, dessa vez "de cima para baixo", o que, por sua vez, levou a um grande aumento nas promoções internas.

Mark mudou de ideia quando ouviu a história de Welch. Ele ficou impressionado com o exemplo de um dos CEOs mais poderosos do mundo se abrindo e admitindo que nem ele nem sua equipe de gestão sênior estavam equipados para lidar com a próxima fase da evolução da empresa e, ainda por cima, recorrendo aos funcionários para resolver a situação. Era um exemplo concreto de como ele e sua empresa poderiam se beneficiar da vulnerabilidade, o que lhe deu uma espécie de permissão para seguir o exemplo de Welch. Mark começou a abrir mão do controle no trabalho e a aceitar reestruturar a empresa de maneira a tirar parte da responsabilidade de seus ombros e preparar a companhia para o crescimento. Como resultado de sua decisão de ser vulnerável, e de sua abertura a uma série de mudanças, a empresa dobrou de tamanho nos seis meses seguintes.

A vulnerabilidade, ao que parece, faz mais do que torná-lo um líder mais forte. Ela pode levar a resultados muito concretos para você e para sua organização!

Admita seus defeitos para gerar confiança

Um dos aspectos mais importantes de decidir ser vulnerável é a disposição de reconhecer e aceitar abertamente os seus defeitos. Pode ser dificílimo fazer isso porque, também nesse caso, muitos líderes acreditam que essa atitude revela algum tipo de fraqueza. Eles acreditam que essa abordagem os fará parecer falíveis e que, como consequência, perderão autoridade e respeito. Mas, se feito da maneira certa, ser franco sobre as próprias imperfeições tem o efeito contrário, e os melhores líderes sabem muito bem disso.

Admitir seus defeitos atinge vários objetivos ao mesmo tempo. Para começar, essa postura lhe permite reconhecer que há espaço para melhoria. Como você pode mudar se acha que já é perfeito? Se conseguir vencer seu ego e ver que, como ser humano e líder, ainda está se desenvolvendo, abrirá a possibilidade de fazer as mudanças necessárias para levar você, e sua equipe, ao próximo nível.

Em segundo lugar, ser transparente em relação às suas imperfeições inspira uma enorme confiança em você por parte da sua equipe. A verdade é que seus colegas e subordinados já sabem que você não é perfeito. Curiosamente, eles devem saber mais sobre as suas imperfeições do que você mesmo. Quando você admite abertamente os seus defeitos, demonstra autoconhecimento, o que deixa as pessoas mais à vontade. Ninguém espera a perfeição, e, se seus colegas e funcionários souberem que você está ciente dos próprios defeitos, terão mais confiança de que você está disposto a se responsabilizar por essas lacunas. Pode parecer contraintuitivo, mas é assim que a coisa funciona.

Isso se aplica tanto ao nível da organização quanto ao nível individual. Vejamos o exemplo de Anne Mulcahy, ex-CEO da Xerox. Quando Mulcahy assumiu o comando da Xerox em 2000, a empresa ia de mal a pior. O modelo de negócios tinha se tornado insustentável, com despesas nas alturas e margens de lucro muito baixas. Por ser uma empresa baseada principalmente em papel, eles estavam tendo dificuldade de se adaptar ao mundo cada vez mais digital. Os acionistas estavam perdendo a confiança, e o preço das ações tinha caído 26 pontos. A empresa estava à beira da falência.

Em vez de manter os problemas em segredo por temer enfraquecer sua autoridade, ela decidiu se engajar em um ato de enorme vulnerabilidade. Mulcahy conversou com os cem principais executivos da Xerox, sendo muito transparente sobre a posição terrível da empresa e pedindo a ajuda deles para "fazer a Xerox voltar a ser uma empresa espetacular". Foi uma jogada arriscada, mas Mulcahy considerou que teria mais chances de conquistar a confiança e o respeito de seus executivos se admitisse que a empresa estava em maus lençóis e que só ações radicais por parte da liderança resolveriam o problema. Todos os executivos, exceto dois, optaram por não abandonar o barco durante a transição, e a maioria continua na empresa até hoje. Esses ousados líderes foram cruciais para a reinvenção da Xerox, que se provou um enorme sucesso.

Mulcahy não restringiu sua transparência à equipe de gestão. Ela lançou uma campanha para resolver o maior número possível de reclamações dos clientes, dizendo: "Estou disposta a ir aonde for preciso para evitar que a Xerox perca qualquer cliente". E foi o que ela fez. Ao promover uma comunicação tão transparente com a base de clientes, ela se abriu ao feedback deles, mesmo sabendo que muitas opiniões seriam difíceis de ouvir. Mas deu certo. Ela conquistou a confiança dos clientes ao decidir incluí-los no processo de reinvenção da Xerox e, com isso, pôde coletar informações valiosas sobre problemas e necessidades futuras, que ela e sua equipe usaram para transformar a empresa.

Não demorou muito para Mulcahy revitalizar a Xerox. Com o valioso apoio dos clientes e da equipe de liderança – um apoio ao qual ela se abriu e cultivou –, Mulcahy conseguiu restaurar a grandeza da empresa e transformar seu modelo de negócio para o século 21.

Crie uma cultura de vulnerabilidade

No meu livro de 2016, *Cultural Transformations*, entrevistei 14 dos CEOs mais respeitados da atualidade sobre o papel da cultura em suas organizações. A cultura, pela minha definição, é a soma total das diretrizes e dos valores compartilhados – tácitos e explícitos – de qualquer grupo. É uma rede invisível de relacionamentos que une as pessoas e orienta seu trabalho e comportamento. Um dos principais insights de todos os CEOs que entrevistei foi a correlação direta entre a liderança e a cultura de uma organização. Essa correlação é de literalmente um para um. Você, como líder, determina o tom da cultura da sua empresa. Você é o exemplo de comportamentos e atitudes para todos, o que é uma responsabilidade enorme.

A vulnerabilidade é um dos maiores pontos de alavancagem entre você e a cultura da sua organização. Um dos CEOs mais impressionantes que entrevistei para escrever *Cultural Transformations* foi Kris Canekeratne, presidente e CEO de uma empresa de serviços de TI chamada Virtusa, que disse o seguinte sobre vulnerabilidade:

> Podemos aprender muito com os erros, tanto na vida pessoal quanto na profissional. Acho que o importante é garantir que os mesmos erros não voltem a acontecer, é aprender com eles e institucionalizá--los para a organização poder evoluir. Descobri que, quando as coisas não estão dando certo, dar uma boa olhada no espelho e refletir profundamente sobre o que você poderia ter feito de um jeito melhor ou diferente é um exercício fantástico. É mais fácil falar do que fazer, porque é comum as pessoas acharem que não foram elas que falharam, e sim outra pessoa. Mas acredito que os melhores líderes, os mais capazes, começam olhando para si mesmos. Eles fazem um exercício de introspecção e tentam aprender com seus erros. Eles se dispõem a aceitar o fato de que erraram. A capacidade de confrontar e admitir os próprios erros expressa um dos princípios mais importantes da liderança, a humildade. Isso fortalece ainda mais os laços de confiança entre os líderes e os membros de sua equipe.

Essa questão da confiança é importantíssima. A confiança é um alicerce de uma cultura organizacional forte. E, como discutimos, ao ser vulnerável e transparente com as pessoas, você possibilita que elas confiem em você. Tanto que minha colega Lyne Cathcart, uma coach executiva de Quebec, no Canadá, descobriu que a vulnerabilidade é contagiosa. Quando trabalha com CEOs, ela pede que eles conduzam entrevistas com stakeholders de sua empresa para pedir a opinião e as sugestões deles. Ela diz que eles hesitam no começo, temendo que esse comportamento reduza seu poder. Um cliente chegou a dizer: "Você está basicamente me pedindo para ficar pelado na frente dos meus funcionários".

No entanto, quanto aceitam a recomendação, os clientes de Cathcart descobrem que seus funcionários reagem surpreendentemente bem, sentindo-se privilegiados com a oportunidade de dar seu feedback ao chefe. A vulnerabilidade dos CEOs cria um sentimento de admiração e reverência nas pessoas com quem eles se abrem. A equipe fica impressionada com a coragem que o líder teve de se abrir, o que os inspira a fazer o mesmo. Assim, uma cultura de vulnerabilidade é criada, uma cultura na qual as pessoas não têm medo de revelar suas imperfeições, se abrem à comunicação e se empenham continuamente para melhorar, individual e coletivamente.

Não espere

No capítulo anterior, contei a história de como conheci Steve Jobs, o cofundador da Apple. No meu trabalho com Steve, pude notar – e ele praticamente me disse – que ele se arrependia de ter deixado para o fim de sua vida o tipo de autorreflexão que estávamos fazendo juntos. Na ocasião, ele já tinha sido diagnosticado com câncer de pâncreas e sabia que tinha pouco tempo de vida. Ele queria usar o tempo que lhe restava para fazer tudo o que pudesse para melhorar seus relacionamentos e seu legado. E ele sabia que não tinha como fazer isso sozinho e que precisaria mergulhar fundo nas águas do autoconhecimento. Perto do fim das nossas sessões, ele agradeceu pelo trabalho que fizemos juntos e lamentou não ter feito esse tipo de investigação antes. Ele poderia ter feito muito mais contribuições positivas para o mundo e evitado alguns erros que lhe custaram muito caro, tanto profissional quanto pessoalmente.

Infelizmente, essa vulnerabilidade no fim da vida é muito comum. A maioria dos líderes com quem trabalho está no fim da vida profissional, e quase todos disseram que gostariam de ter começado sua jornada de introspecção e vulnerabilidade muito antes.

Não estou dizendo isso para criar uma sensação de arrependimento. Na verdade, o que eu quero é criar um senso de urgência. Não espere para decidir ser vulnerável. Nunca é tarde demais. O autoconhecimento que você pode descobrir pedindo o feedback das pessoas e o tipo de confiança que você pode construir colocando-se em posição

> de vulnerabilidade podem abrir o caminho para uma longa e gratificante jornada que maximizará seu potencial de liderança. Quanto antes fizer isso, mais longe poderá ir.

É possível ser humilde demais?

Como as outras dimensões da Liderança Inteligente, a vulnerabilidade também pode ter suas desvantagens. Na tentativa de ter uma postura humilde, você pode errar na mão e, no processo, acabar reduzindo sua autoconfiança. E você não pode se dar ao luxo de perder a autoconfiança, que é absolutamente indispensável para uma boa liderança.

Um dos meus clientes me contou que, depois de uma semana trabalhando comigo em sua vulnerabilidade – pedindo feedback de colegas e funcionários –, ele estava se sentindo menos autoconfiante. "Eu me sinto exposto e fraco", ele me disse. A crença insolente em si mesmo, do tipo "quero que façam do meu jeito ou a porta da rua é a serventia da casa", que o levou tão longe na vida, não se alinhava com uma postura mais vulnerável e ele não estava conseguindo conciliar as duas atitudes. Eu disse que ele precisava deixar de levar tudo tão a sério e que uma coisa não excluía a outra. Ele continuava sendo a mesma pessoa, com todas as qualidades que sempre teve. Só estava se abrindo a um número maior de pessoas. Essa perspectiva lhe permitiu manter as duas qualidades ao mesmo tempo: autoconfiança e vulnerabilidade.

É comum para as pessoas que começam a fazer esse exercício exagerar na vulnerabilidade. Notei essa tendência em muitos líderes com quem trabalho. Eles tendem a errar na mão e exagerar. Chega a ser comum eles descobrirem que, quando pedem feedback, sua opinião sobre si mesmos é muito mais negativa do que aquela que as pessoas têm sobre eles. Eles são muito mais focados em seus defeitos do que as pessoas que os cercam. Na tentativa de identificar suas imperfeições, eles tendem a se concentrar demais nos aspectos negativos de si mesmos e a negligenciar algumas das valiosas qualidades que os ajudaram a alçar a posições de liderança. Essa visão excessivamente negativa de si mesmo pode ser o outro lado da mentalidade John Wayne. Se você não tem muita experiência com esse tipo de vulnerabilidade consciente, pode ter reações exageradas diante das suas imperfeições e ser difícil manter a autoconfiança.

Desse modo, é importante manter uma abordagem equilibrada e diferenciada da vulnerabilidade. Não é o ideal ser um líder durão, do tipo John Wayne, mas também é melhor evitar ser um líder chorão e eternamente insatisfeito consigo mesmo, concentrando-se demais nos aspectos negativos e deixando a autoconfiança se esvair. A ideia é encontrar o equilíbrio entre força e humildade que todos os melhores líderes possuem. Pode parecer impossível, mas não é. Veremos como atingir esse equilíbrio entre acolher as melhores e as piores partes de si mesmo e, ao mesmo tempo, manter um sentimento permanente de autoconfiança quando chegarmos ao Capítulo 5, "Alavanque seus talentos e elimine suas lacunas".

Pratique a vulnerabilidade

Como já vimos, a vulnerabilidade não é um atributo fácil nem comum. Pela minha experiência, ela requer prática. Não é algo que você simplesmente "obtém" e nunca mais precisa exercitar. A invulnerabilidade tende a ser quase uma configuração padrão para a maioria de nós. Se não nos mantivermos constantemente derrubando os muros que construímos ao nosso redor, será muito difícil colocar em prática essa dimensão da Liderança Inteligente.

Veja abaixo uma série de "comportamentos iniciadores" que você pode usar para cultivar a vulnerabilidade. São comportamentos que você pode colocar em prática imediatamente para ajudar a expandir sua maneira de pensar. Eles também são "indicadores de tendência" que mostram até que ponto você incorpora essa dimensão de liderança e têm o objetivo de ajudá-lo a fazer uma autoavaliação para descobrir quais áreas precisam de reforço.

Ao ler a lista, eu o encorajo a refletir sobre quanto você incorporou ou não esses comportamentos à sua rotina. Depois de fazer a sua autoavaliação considerando os itens da lista, procure a sua rede de apoio e veja se eles concordam com a sua avaliação.

Reserve um tempo para refletir

É importante se engajar em algum tipo de prática regular de vulnerabilidade, tanto consigo mesmo quanto com os outros. Gosto de reservar 15 minutos no fim de cada dia para refletir sobre a qualidade das minhas ações e interações. Eu me pergunto se meus pensamentos e minhas emoções foram positivos e fortes. Avalio se minhas ações refletiram meus valores e se eu demonstrei um caráter forte.

Depois de rever o dia, decido se gosto do que estou vendo e vejo se poderia ter feito alguma coisa diferente. Esse é um exercício de vulnerabilidade comigo mesmo e me abre para melhorar no futuro. Descobri que é muito bom desenvolver esse hábito se você quer aprimorar sua liderança. Não existe uma "receita" para fazer isso, você pode usar qualquer combinação de métodos de autorreflexão. A chave é manter o hábito de se abrir a um constante processo de reflexão. Quando fazemos uma conexão *profunda* e *silenciosa* com o nosso "eu" interior, nos abrimos para as possibilidades de melhorar.

Mantenha-se aberto ao feedback

Uma das melhores maneiras de refletir sobre si mesmo é pedir o feedback das pessoas. Você não precisa fazer isso todo dia, mas é importante dar uma parada de vez em quando para confirmar a maneira como acha que está impactando as pessoas. Como o seu mundo interior está afetando os outros? As suas ações – que são reflexos do seu núcleo interno – estão tendo um efeito negativo ou positivo na sua família, nos seus amigos e nos seus colegas?

Ao pedir o feedback, é importantíssimo se manter aberto às respostas que ouvirá. Não é um exercício fácil, mas saber receber feedback é um dos pilares da vulnerabilidade. Se sua mentalidade for invulnerável, você nunca vai crescer. Você tem a opção de aceitar ou rejeitar o feedback, mas, ao rejeitá-lo, também estará abrindo mão da opção de agir de uma maneira que pode muito bem ser uma grande fonte de sucesso e felicidade na sua vida. Se acha que pode percorrer essa jornada sozinho, está enganado. Você precisa cultivar um círculo de pessoas de confiança que poderão ajudá-lo a se tornar e permanecer vulnerável.

Seja proativo

Ao tentar cultivar qualquer nova qualidade, é fundamental ser proativo. Esse princípio se aplica principalmente à vulnerabilidade porque, como vimos, a ideia de ser vulnerável pode causar um medo enorme, de modo que a vulnerabilidade requer muita coragem. Você não pode esperar que a vulnerabilidade venha naturalmente.

Não espere passivamente que alguém ou alguma situação o force a se abrir. É melhor partir para o ataque. Torne-se um especialista em vulnerabilidade, refletindo e pedindo feedback.

4

Cultive a mentalidade de dever

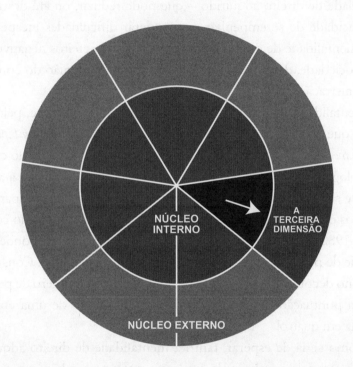

Seria difícil contestar o fato de que, na sociedade de hoje, especialmente na ocidental, muitas pessoas acreditam que o mundo lhes deve alguma coisa. Já se foi o tempo em que a luta diária pela sobrevivência, para botar a comida na mesa, era o estilo de vida da maioria da população. Hoje, vemos um número cada vez maior de pessoas com uma percepção exagerada das próprias habilidades e capacidades e uma crença de que elas fazem por merecer o salário só por aparecer no trabalho. O sangue, o suor e as lágrimas das gerações anteriores que criaram as bases para a riqueza e a prosperidade das quais tantas pessoas desfrutam hoje parece que ficaram num passado distante. A falta de noção do esforço necessário para atingir o sucesso e achar que os privilégios que você tem não são, na verdade, privilégios, mas um direito que adquiriu só pelo fato de ter nascido neste planeta, resulta em uma mentalidade – a mentalidade de direito adquirido – que pode reduzir, ou até destruir, a sua capacidade de se empenhar para superar dificuldades inesperadas. E essa mentalidade de direito adquirido está tendo efeitos negativos em toda a sociedade, desde a sala de aula até a sala de reunião do conselho de administração.

A mentalidade de direito adquirido é reforçada, em parte, pelo narcisismo, que está em alta. Em seu livro de 2009, *The Narcissism Epidemic: Living in the Age of Entitlement*, Jean Twenge, uma pesquisadora do campo da psicologia da Universidade Estadual de San Diego, analisou a ascensão desse senso de autoimportância em grande escala. Ela comparou os resultados do Inventário de Personalidade Narcisista, um estudo conduzido em 1982 e 2006, no qual mais de 16 mil participantes responderam a uma série de perguntas para medir seu grau de egocentrismo. Constatou-se que, no decorrer desse período de duas décadas, o número de pessoas com alta pontuação de narcisismo dobrou, passando de uma em oito para uma em quatro!

E, como seria de esperar, tanto a mentalidade de direito adquirido quanto o narcisismo são cada vez mais comuns também no mundo corporativo. As pessoas passaram a procurar um emprego que dê sentido à sua vida e que lhes possibilite fazer a diferença no mundo e, em consequência, as empresas acabam com uma alta taxa de rotatividade de funcionários. Não vivemos mais na época em que as pessoas se formavam na faculdade e passavam a vida inteira trabalhando na mesma empresa até se aposentar. Em seu artigo de 2012 intitulado "Generation Flux", que ganhou a capa da revista *Fast Company*, Robert Safian descreve um novo e caótico cenário corporativo no qual é comum as pessoas mudarem de emprego várias vezes no decorrer de sua vida profissional. O que estamos vendo é uma transferência de ênfase da empresa para o indivíduo. Os membros da "Geração Fluxo" querem empregos e empresas que os ajudem a crescer e ter sucesso e tendem a trocar de emprego se o trabalho atual não lhes proporcionar um mínimo de satisfação pessoal.

Isso não se aplica apenas aos funcionários, mas também aos executivos. Em seu artigo para o *Administrative Science Quarterly*, "It's All About Me: Narcissistic CEOs and Their Effects on Company Strategy and Performance" ["É tudo sobre mim: CEOs narcisistas e como eles afetam a estratégia e o desempenho das empresas"], os professores da Universidade Estadual da Pensilvânia Arijit Chatterjee e Donald C. Hambrick sugerem que o narcisismo está em ascensão na alta liderança das empresas. "Três décadas atrás", diz Hambrick, "os CEOs tinham um perfil mais cauteloso e conservador. Na época, o CEO era um líder que estava lá para orientar a empresa nos momentos de dificuldade, decidido a unir as pessoas e cujo principal objetivo era deixar o negócio em boas condições para todas as partes envolvidas. Hoje em dia, os CEOs são muito mais propensos a correr riscos, ser extravagantes e ostentosos e se ver como celebridades." É verdade. Uma análise das notícias do mundo corporativo mostra que, de fato, muitos CEOs não hesitam em sair de uma empresa se virem outra oportunidade de se destacar mais. Em outras palavras, eles são mais dedicados a si mesmos do que à organização.

Devo dizer que isso é, em parte, culpa minha. Afinal, eu sou da geração *baby boomer*. Nós constituímos a "Geração Eu" original, aquela que acendeu a centelha da revolução da autoestima, libertando-se das amarras das tradições e das instituições e elevando a importância do indivíduo a patamares jamais vistos até então. Mas, para você não começar a achar que sou um velho antiquado e nostálgico, saudoso de uma época em que as pessoas passavam a vida inteira trabalhando na mesma empresa, devo esclarecer que não tenho esse perfil. Vejo a ascensão do empoderamento individual como um avanço incrivelmente positivo para a sociedade. Somos mais livres para explorar nosso potencial e ter uma vida mais gratificante e autorrealizada. O problema é que, com esse aumento do empoderamento individual, é natural começarmos a perder de vista um fator crucial para atingir a excelência na liderança: um senso de interconexão e de dever em relação a algo maior que cada um de nós.

Descobri que os melhores líderes, mesmo expressando um grande empoderamento individual, têm uma profunda ligação com um todo mais amplo, seja sua família, sua organização, seu país, o planeta ou todos os itens anteriores. Essa mentalidade de dever é muito diferente de acreditar que o mundo lhe deve alguma coisa e que você já nasceu com direito a certos privilégios ou vantagens, independentemente das suas ações. Essas crenças inevitavelmente o levarão a agir de maneiras que irão, mesmo se não for a sua intenção, reduzir as chances de sucesso de qualquer projeto que contar com a sua participação. Os verdadeiros líderes não acham que o mundo lhes deve nada, e são movidos pelo desejo de servir uma comunidade, por um senso de dever em relação a algo maior e mais importante do que eles mesmos. Se você puder adotar essa mentalidade de dever, poderá ser orientado pelo tipo de perspectiva mais ampla que os melhores líderes usam para conduzir qualquer organização.

Você deve ter notado que estou usando a palavra "mentalidade" ao descrever esses diferentes motivadores que orientam os líderes. Defino "mentalidade" como as lentes que você usa para ver a si mesmo e ao mundo. Ela constitui a base do seu comportamento e é forjada pelas crenças e pelos valores do seu núcleo interno. É importante identificar a sua mentalidade (mentalidade de dever ou de direito adquirido) ao embarcar na jornada de desenvolvimento da liderança, especialmente se quiser ter sucesso.

É bem verdade que muitos líderes famosos e de enorme sucesso parecem agir em benefício próprio, sendo claramente motivados pelo desejo de obter mais fama, riqueza ou poder. Mas os *melhores* líderes, os que deixam um impacto verdadeiramente duradouro nas pessoas, têm um senso de dever muito maior em relação às causas e às pessoas que eles servem. A maneira como esse senso de dever se manifesta costuma ser sutil e pode ser difícil de ver, mas, se tiver a chance de passar um tempo observando esses líderes de perto, verá o que de fato os motiva. Você conseguirá identificar, com base nos comportamentos deles, exatamente a quem eles estão servindo, ou seja, se estão agindo em benefício próprio ou do todo.

Passaremos o restante deste capítulo explorando a sua mentalidade, até que ponto você acha que o mundo lhe deve alguma coisa (sua mentalidade de direito adquirido) e o poder da mentalidade de dever para liberar o seu potencial de liderança.

O mundo não deve nada a ninguém

Muitas pessoas com quem trabalho têm, a princípio, uma certa dificuldade de ver o valor dessa dimensão da Liderança Inteligente. Afinal, poucas tendem a se ver como mimadas ou egocêntricas, especialmente as que têm mais experiência de vida e mais sabedoria acumulada. Tendem a achar que o senso de direito adquirido é um problema das gerações mais novas. *São os jovens que não sabem a sorte que têm e parecem achar que "o mundo gira ao redor do umbigo deles".* Porém, antes de você presumir que já sabe o significado de "senso de dever" e que não é uma vítima da mentalidade de direito adquirido, eu o encorajo a fazer uma análise mais profunda. Essa dimensão da Liderança Inteligente é muito sutil. Até os mais altruístas e dedicados entre nós podem ter camadas invisíveis de um senso de direito adquirido que, se identificadas, podem liberar ainda mais nosso potencial de liderança.

Pela minha experiência, todos nós temos, em alguma medida, um senso de direito adquirido. É da natureza humana pensar principalmente em si mesmo e nas próprias necessidades, e ignorar muitas das pessoas e circunstâncias que contribuíram para nosso sucesso. Mesmo se você for uma daquelas raras pessoas que praticamente não receberam nada da vida e tiveram de conquistar todas e quaisquer vantagens, é bem provável que alguém recebeu ainda menos e teve de se empenhar mais do que você. O segredo dessa dimensão não é presumir que você não possui senso de direito adquirido, é identificar as maneiras sutis pelas quais pode estar cultivando essa mentalidade, que, se reveladas, podem torná-lo um líder ainda mais consciente, altruísta e eficaz.

Para ajudá-lo a descobrir seu senso de direito adquirido, vamos fazer um pequeno exercício. Quero que pense nas várias dimensões da sua vida: sua família, seu trabalho, sua casa, seus amigos, suas finanças, sua reputação. Você é grato pelo que tem? Acha que merece mais? Acredita que sua felicidade ou sucesso em todas essas dimensões é um reflexo preciso da vida que viveu e do tipo de pessoa que é?

Agora, vá um pouco mais fundo. Pense na sorte – ou azar – que acha que teve na vida. Quais são suas origens? Você nasceu rico ou pobre? O que tem a dizer da época, ou da era, na qual nasceu? Você é grato por estar vivo neste período da história da humanidade? Que tipo de oportunidades recebeu ao longo do caminho? Quanto do sucesso que teve na vida pode ser atribuído a forças fora de seu controle?

Mesmo se for uma daquelas raras pessoas que não recebeu quase nada da vida e conseguiu tirar o melhor proveito disso, você provavelmente teve alguma ajuda pelo caminho. Talvez tenha tido um mentor, professor ou treinador esportivo que acreditou em você quando ninguém mais acreditava. Ou tenha tido o apoio de seus pais, que fizeram sacrifícios enormes para que você tivesse mais oportunidades.

Ao pensar nas forças que o levaram à sua vida hoje, consegue sentir sua perspectiva mudar? Está começando a ter uma ideia de tudo que tem ou teve e nunca deu o devido valor?

Ao começar a identificar todas as camadas de seu senso de direito adquirido, por mais óbvias ou sutis que possam ser, você pode começar a ter um sentimento natural de gratidão e obrigação para com as pessoas e circunstâncias que o ajudaram a chegar aonde está.

Muitas pessoas que fazem esse exercício sentem duas coisas ao mesmo tempo. Para começar, elas começam a ver que foram beneficiadas por bilhões de pequenas decisões e circunstâncias, inclusive a família na qual nasceram e a faculdade na qual decidiram estudar. Percebem que se beneficiaram não só das próprias decisões, mas também das decisões que outras pessoas tomaram para elas. Começam a ter uma visão mais voltada para o futuro, visão esta que está ligada ao passado, e sentem que sua vida passa a ter mais ímpeto, quase como surfar numa onda composta de todas essas decisões e circunstâncias.

Em segundo lugar, começam a ver a própria vida em um contexto mais amplo. Sua consciência se expande, como se elas tivessem sido arrancadas dos pequenos problemas e responsabilidades do dia a dia e finalmente pudessem se distanciar um pouco do próprio umbigo e ter uma visão mais ampla da vida. Desse novo ponto de vista, elas conseguem se ver como parte de algo muito maior e perceber que têm um papel importantíssimo nesse processo. As pessoas podem reconhecer sua responsabilidade para com os outros – família, filhos, colegas ou funcionários. Às vezes, percebem que estão em posição de fazer uma contribuição intelectual, política ou filosófica à sociedade. De qualquer maneira, com esse exercício as pessoas muitas vezes se conscientizam da profunda conexão de sua vida e de suas ações com a sociedade como um todo. Você não acha irônico que, quando as pessoas deixam de ser obcecadas consigo mesmas, elas começam a ver que sua vida tem muito mais sentido? Elas deixam de se valorizar com base em algum critério arbitrário e passam a ter um senso de obrigação para com as pessoas e com o ambiente a seu redor, que faz parte de quem elas são e de como elas chegaram aonde estão agora.

Você consegue sentir esses elementos começando a surgir na sua visão de mundo e de si mesmo? Essa é a mentalidade de dever, que se revela praticamente no momento em que percebe a sua mentalidade de direito adquirido. Vamos explorar a mentalidade de dever mais a fundo.

Medindo seu grau de narcisismo

No Capítulo 1, falei sobre o Inventário do Eneagrama de Liderança de Mattone, uma ferramenta de avaliação que desenvolvi para ajudar a identificar seu estilo de liderança e nível de maturidade. Ao longo dos anos, milhares de líderes e aspirantes a líder fizeram o inventário, e a grande maioria apresentou uma alta pontuação em autoconfiança (do lado positivo) e também em egocentrismo (do lado negativo). Não é de surpreender. Muitas pessoas em posição de liderança têm um autoconceito elevado. Tanto que esse autoconceito é, muitas vezes, o que as leva a chegar a posições de liderança.

Ao compreender as várias dimensões de seu estilo de liderar e de sua maturidade aplicando o Inventário do Eneagrama de Liderança de Mattone, os líderes podem ter uma visão mais completa de suas qualidades positivas e negativas. Com isso, são capazes de aprender a eliminar suas lacunas e beneficiar-se de seus pontos fortes (como discutiremos em mais detalhes no próximo capítulo).

Mentalidade de dever: tudo é uma questão de contexto

Quando eu falo sobre "dever", não me refiro a uma obrigação cega para com uma crença ou grupo. Refiro-me a uma *mentalidade* orientada pelo dever. Estou falando de um tipo de dever muito mais dinâmico que você escolhe deliberadamente seguir. É tudo uma questão de contexto. A mentalidade de dever é uma perspectiva na qual você se vê como uma engrenagem importante de um mecanismo muito maior. Esse mecanismo é composto pela intrincada matriz de relacionamentos – seus funcionários, sua família, seus amigos, seus chefes, seus mentores e seus colegas – que definem a pessoa que você é. Nesse contexto mais amplo, muito depende de você. Você é mais do que um participante independente ou um operador isolado. Suas escolhas, seus comportamentos e suas ações fazem uma grande diferença e têm consequências em todos os relacionamentos da sua vida.

Os melhores líderes sabem disso e agem orientados por essa ideia. Não estou dizendo que eles nunca agem em interesse ou benefício próprio. É só que eles veem seu interesse pessoal como parte de algo maior. Trata-se de uma espécie de "interesse próprio esclarecido", que foca no seu "eu", mas com a consciência de que esse "eu" representa algo muito maior. Com base nessa nova perspectiva, a mentalidade de dever basicamente reorienta todo o trabalho de desenvolvimento pessoal que você está fazendo. Seu aperfeiçoamento – seu empenho para se tornar um líder melhor – tem muito mais relação com a influência que você pode exercer sobre essa complexa matriz de relacionamentos do que com o seu próprio ganho pessoal. Se passar a se ver nesse contexto mais amplo e se esforçar ao máximo para ter o maior e o mais positivo impacto que puder, a consequência natural será o seu benefício pessoal. Mas esse não é o objetivo, é só um efeito colateral.

Os melhores líderes com quem trabalhei nunca perdem de vista essa obrigação de impactar positivamente as pessoas, como família, funcionários, colegas, amigos e até a sociedade no geral. Eles são motivados por uma busca quase maníaca de tocar positivamente o coração, a mente e a alma das pessoas ao seu redor. Essa busca passa a ser fundamental na vida deles. Como os melhores líderes nunca perdem essa responsabilidade de vista e como esse senso de dever resulta do desejo insaciável de ser "orientado aos outros" em oposição a "orientado a si mesmo", esse propósito nobre e autêntico se traduz em comportamentos e ações que as pessoas veem como expressões concretas da autenticidade desses líderes. Esta é a maior expressão positiva da mentalidade de dever: ser considerado um líder autêntico.

Na introdução deste livro, pedi que escolhesse vários exemplos de excelência na liderança. Falei sobre o "brilho" que esses líderes têm, uma espécie de qualidade misteriosa, um "fator X" difícil de definir. Eu diria que a mentalidade de dever representa uma grande parte do brilho da excelência na liderança. Os melhores líderes entendem, acolhem, internalizam e incorporam essa dedicação a uma causa maior ou ao todo e estão cientes de que são um exemplo para os outros seguirem. Isso lhes dá uma dignidade natural que é muito atraente. Em qualquer situação que envolve um grupo, a pessoa capaz de ver o quadro mais amplo e agir em nome do todo provavelmente se destacará e atrairá naturalmente os outros.

Essa é a definição do que é necessário para ser um exemplo positivo. Quando passa a se interessar mais pelo bem do todo do que pelo seu próprio, você se transforma em um "ímã" que atrai a energia positiva e a vitalidade das pessoas. O "brilho" do líder acende a centelha do "brilho" dos outros. Você se lembra da metáfora do cristal que vimos no Capítulo 1? Um belo cristal sempre refletirá padrões de luz atraentes e coloridos. Líderes excelentes criam famílias excelentes, organizações excelentes, governos excelentes, sociedades excelentes e um mundo excelente com seu "brilho" e com o "brilho" que acendem nos outros.

De contratempos a oportunidades: pare de achar que você é uma vítima

Um dos aspectos mais poderosos da mentalidade de dever é como essa forma de pensar permite que você enfrente situações desafiadoras. Quando a sua atitude em relação à vida tende a ser matizada pela mentalidade de direito adquirido, você tem mais chances de sentir-se vitimizado pelos contratempos. Você se vê como uma *vítima* das circunstâncias. Se acredita que o mundo "lhe deve" alguma coisa ou que você tem direito ao sucesso, não terá condições de enfrentar os inevitáveis contratempos da vida com criatividade e otimismo. Por outro lado, se estiver empenhado em praticar a mentalidade de dever, terá mais chances de ver os contratempos como parte natural do processo. Você sabe que enfrentar os obstáculos faz parte do seu papel como um líder, sem falar do desenvolvimento contínuo da sua liderança. Com essa perspectiva, é capaz de ver o lado bom das situações ruins, encontrar soluções criativas e, como diz o velho ditado, transformar um limão em limonada.

Você também é capaz de se manter focado no momento presente, em vez de se deixar distrair e ser levado passivamente para direções que o impedem de resolver problemas. Quando você ficar sobrecarregado com todos os estímulos do seu trabalho e da sua vida, basta lembrar-se de que é um *privilégio* percorrer essa jornada e que seu foco não deve ser em *você*, mas no sucesso e na prosperidade que pode ajudar *os outros* a atingir. É incrível que essa pequena mudança de perspectiva lhe possibilite absorver, entender e lidar com os desafios da vida. Os melhores líderes com quem já trabalhei demonstram uma capacidade incrível de se focar no presente, o que acredito ser uma consequência da mentalidade de dever.

Vejamos o exemplo de Nabil Al Alawi, fundador e CEO da Al Mansoori Specialized Engineering, uma importante empresa de petróleo e gás do Oriente Médio. Conheci poucas pessoas que se "vitimizam" tão pouco quanto Nabil e acredito que essa postura afetou enormemente seu sucesso como empreendedor e CEO. Quando entrevistei Nabil para escrever meu último livro, *Cultural Transformations*, perguntei o que ele considerava o segredo de seu sucesso. Sua resposta foi simples: "Manter uma postura otimista diante das adversidades".

Filho de imigrantes iemenitas, Nabil cresceu em Cingapura e no Egito e acabou ganhando uma bolsa de estudos para estudar na Universidade Estadual da Louisiana, nos Estados Unidos, onde se formou em engenharia. Ele construiu, do zero, uma empresa de energia que hoje atua em 24 países do Oriente Médio. Nabil recebeu muito pouco "de mão beijada" e trabalhou duro por todos os privilégios dos quais desfruta hoje.

Ele precisou superar muitos desafios, tanto em sua vida pessoal quanto profissional. Mas nenhuma dificuldade foi maior que o diagnóstico de câncer que recebeu. Quando recebeu a notícia em 2002, Nabil não reagiu à situação sentindo-se uma vítima. Ele reconheceu que não conseguiria se curar da doença se não mudasse todo o seu estilo de vida que, em sua avaliação, tinha contribuído para desenvolver o câncer. Ele atacou a doença com uma combinação de tratamentos convencionais e mudanças no estilo de vida (alimentação, redução do estresse etc.) até que conseguiu vencê-la.

Essa experiência o fez perceber que ele tinha como fazer mais para ajudar os funcionários de sua empresa a manter um estilo de vida saudável. Com esse objetivo em vista, ele lançou um amplo programa de mudança de prioridades em sua empresa. Em vez de focar-se apenas nos resultados financeiros como principal indicador do sucesso do negócio, Nabil passou a analisar a saúde de seus funcionários. A Al Mansoori se dedica a apoiar um estilo de vida que reduza o estresse, promover práticas saudáveis e disponibilizar serviços médicos de alto nível a todos os seus funcionários. O programa tem sido um grande sucesso. A Al Mansoori se tornou um exemplo de programas corporativos voltados à saúde e tem níveis recordes de satisfação dos funcionários, ao mesmo tempo que desfrutou de um crescimento financeiro continuado na última década. O exemplo e o sucesso da empresa também estão contagiando os clientes. Inspiradas pelo programa de saúde de Nabil, a Shell, a Exxon e a BP estão lançando iniciativas semelhantes.

Se Nabil tivesse encarado seu diagnóstico de câncer como uma afronta à vida que ele achava que *merecia*, sua reação teria sido totalmente diferente. Como tantos excelentes líderes, ele viu em sua crise pessoal uma oportunidade de exercitar seu senso de dever ajudando a melhorar a vida de muitas pessoas.

As três primeiras dimensões: leve três, pague uma

A esta altura, você pode estar começando a ver como as várias dimensões da Liderança Inteligente atuam juntas. Tanto a dimensão de pensar diferente, pensar grande quanto a dimensão de decidir ser vulnerável afetam consideravelmente o desenvolvimento da mentalidade de dever, e vice-versa.

Por exemplo, você não tem como identificar seu senso de direito adquirido (que faz parte da terceira dimensão) se não for vulnerável consigo mesmo e com os outros (a segunda dimensão). E o oposto também se aplica. Saber que você, como um líder, tem uma obrigação para com todas as pessoas da sua vida ajuda a criar um tipo de vulnerabilidade. Você percebe que não vive isolado das pessoas e que depende delas.

Pensar diferente, pensar grande (a primeira dimensão) também tem uma profunda relação com a mentalidade de dever (a terceira dimensão). Na verdade, aprender a se ver num contexto mais amplo é uma forma poderosa de pensar grande. Como vimos, a maneira mais direta de acessar a dimensão do pensar diferente, pensar grande é ter clareza de seu propósito central. E aprender a aplicar a mentalidade de dever para ver a si mesmo e à sua vida no contexto mais amplo possível é de grande utilidade para começar a identificar seu propósito central.

Enquanto você continua avançando na jornada da Liderança Inteligente, encorajo-o a seguir buscando identificar as várias maneiras nas quais as dimensões se sobrepõem e se ajudam. Elas foram pensadas para ser assim, e, quanto maior for a sua capacidade de identificar essas sinergias, mais você poderá se beneficiar do modelo da Liderança Inteligente.

Não se esqueça de colocar sua máscara de oxigênio primeiro

Como acontece com as outras dimensões da Liderança Inteligente, a mentalidade de dever tem suas desvantagens e perigos potenciais. É importante que, na tentativa de conhecer com clareza o seu senso de direito adquirido, você não exagere na direção oposta e acabe prejudicando a sua autoestima. A autoconfiança é um componente importantíssimo da boa liderança. É bem provável que sua autoconfiança o tenha ajudado a chegar aonde você está na vida. Acreditar em si mesmo lhe possibilita resistir a críticas, superar obstáculos e inspirar as pessoas. A chave é encontrar o equilíbrio certo, para que a sua autoestima não saia do controle e atrapalhe a sua capacidade de compreender a obrigação que tem para com o todo.

Se você já prestou atenção às orientações de segurança passadas pelos comissários de bordo nos aviões, deve se lembrar da instrução de colocar a sua máscara de oxigênio primeiro em caso de emergência. Você precisa estar saudável e em segurança para poder ajudar os outros. Gosto de lembrar desse paradoxo da segurança quando penso na relação entre o indivíduo e o todo no que diz respeito à mentalidade de dever. A sua principal obrigação como líder é para com os muitos "todos" da sua vida. Você tem o dever de servi-los e lhes dar apoio. Mas, para ser um Líder Inteligente, você também precisa ser forte e solícito.

Para ilustrar melhor esse ponto, gostaria de apresentar o conceito de "hólon", um termo grego popularizado pelo futurista Arthur Koestler em seu livro *O fantasma da máquina*, de 1967. Koestler descreve um hólon como uma unidade que é ao mesmo tempo completa em si mesma e parte de um todo maior. É assim que gosto de ver o relacionamento ideal entre você – o líder individual – e os muitos "todos" dos quais faz parte. Ao considerar seu dever e sua obrigação para com as comunidades, organizações e famílias das quais faz parte, você deve sempre se manter consciente da sua própria força individual. Você é o "todo" mais importante de sua vida e, se quiser servir aos outros, precisa de força e energia.

Por fim, ao buscar ser um representante da mentalidade de dever, tome o cuidado de não se restringir a formas mais automáticas de dever. A mentalidade de dever não implica seguir às cegas um princípio ou organização. Você nunca deve "desligar" seu pensamento crítico ou jurar lealdade cega sem ponderar as razões e as consequências. Como vimos neste capítulo, a ideia ao cultivar a mentalidade de dever é poder enxergar as muitas maneiras nas quais você está profundamente conectado com a matriz de relacionamentos da sua vida e é responsável por ela. Você é quem decide como colocar esse senso de obrigação em prática!

Como cultivar a mentalidade de dever

Os melhores líderes fazem a mentalidade de dever parecer algo natural. Você pode achar que uma pessoa altruísta e ciente do todo já nasceu com esses talentos. Mas, pela minha experiência, a maioria das pessoas precisa cultivar deliberadamente a mentalidade de dever. Temos uma tendência natural a ficar obcecados com nossos próprios desejos e interesses e é difícil superar essa obsessão. Até os mais cheios de virtude podem melhorar ainda mais sua capacidade de se ver em um contexto mais amplo.

Acho muito bom saber disso! Quer dizer que todo mundo pode melhorar ainda mais.

Veja abaixo uma série de comportamentos iniciadores da mentalidade de dever. Você pode usar essas ações para expandir sua perspectiva. A ideia é que, quanto mais conseguir praticar deliberadamente esses comportamentos, mais eles se tornarão naturais para você e serão incorporados à maneira como vê a si mesmo e ao mundo.

Enquanto pratica cada um deles, pare um pouco para refletir sobre como eles afetam a sua visão de mundo. Você acha que ficou mais consciente das coisas? Você está ficando menos preocupado consigo mesmo e mais focado nos outros?

Exercício de engenharia reversa

Pelo menos uma vez por mês, faça um balanço de todos os seus sucessos, ou seja, todas as coisas boas que aconteceram com você e todas as situações que o levaram a se sentir orgulhoso, feliz e realizado. Faça uma tabela com quatro colunas e elenque seus sucessos na coluna da esquerda. Na próxima coluna, escreva o resultado positivo que obteve com cada um deles. Seja específico e dê detalhes. Por exemplo, se ganhou um bônus, anote o valor. Na próxima coluna, escreva o que fez para alcançar esse sucesso. Por exemplo, você ganhou o bônus porque assumiu mais responsabilidades no trabalho? Na coluna seguinte, escreva o nome de todos aqueles que ajudaram de alguma forma no seu sucesso. Podem ser pessoas com quem você trabalha, bem como familiares, amigos ou ex-colegas. Por exemplo, o seu parceiro ou parceira pode ter passado mais tempo com seus filhos para você poder se dedicar mais ao trabalho e ganhar o bônus. Na última coluna, anote a sua reação ao constatar que o seu sucesso resultou do empenho de outras pessoas, não só do seu (se for o caso).

Esse exercício o ajuda a se voltar aos outros em vez de focar-se apenas em si mesmo (em uma postura egocêntrica e egoísta) e a ver como essa atitude é fundamental para a realização, o sucesso e uma boa liderança.

Quando percebe que não passa de uma pequena parte de um todo muito maior, você consegue manter a humildade, o que lhe permite dar mais valor a todas as maneiras nas quais as pessoas contribuem para o seu sucesso.

Mostre às pessoas que elas podem contar com você

Um dos elementos mais importantes da mentalidade de dever é saber que os outros contam com você e ser o tipo de pessoa com quem eles podem contar. É uma daquelas situações do tipo "o ovo e a galinha". Quanto mais se conscientizar de todas as pessoas às quais você está conectado, mais incentivo terá para ser o tipo de indivíduo com o qual os outros sentem que podem contar. E, quanto mais as pessoas puderem contar com você, mais ciente será de todos aqueles que contam com você. Por sua vez, passará a contar mais com os outros, porque perceberá que todas as pessoas são interdependentes. Como aconteceu no exercício anterior, você verá que precisa do sucesso dos outros e que os outros precisam do seu sucesso. E a confiança é crucial para esse processo.

Então, pergunte-se: Você é uma pessoa que confia nos outros? E você é confiável? Por que ou por que não? O exercício da "engenharia reversa" o inspirou a se tornar alguém com o qual os outros podem contar? Tire um tempo para refletir e veja se é o caso de consultar a sua rede de apoio para ver como eles o avaliam nesse critério. Você é o tipo de pessoa na qual os outros "botam fé"?

Orgulhe-se dos outros

O orgulho é uma faca de dois gumes. Por um lado, pode levar à arrogância e à teimosia e fazer as pessoas acharem difícil trabalhar com você. Por outro lado, pode ser um resultado natural de ter feito um bom trabalho ou de alguma realização que foi conquistada com muito empenho e dedicação. Uma pessoa orientada pela mentalidade de dever se orgulha dos outros, não de si mesma. Quando você começa a se ver em um contexto cada vez maior, passa a se identificar ainda mais com esse todo maior.

Em consequência, começa a se orgulhar dele. Pense na sua família. Eu tenho certeza de que você se orgulha das realizações dos seus filhos. O mesmo vale para a sua equipe. Eu diria que o orgulho que você tem do todo é muito mais expressivo e gratificante do que aquele que tem das suas próprias realizações (apesar de isso também ser importante).

Pare um pouco para pensar nos "todos" que lhe dão orgulho. Você já se orgulhou do sucesso de pessoas que integram seu grupo ou do grupo como um todo? Como esse sentimento de orgulho se compara àquele que você tem das suas próprias realizações? O simples ato de tirar um tempo para refletir sobre esse sentimento mais amplo ajuda a exercitar sua mentalidade de dever.

5

Alavanque seus talentos e elimine suas lacunas

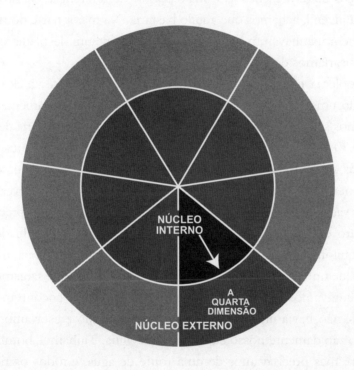

Quando estava na faculdade, eu e um amigo, Tony, fomos acampar no Rio Escalante, no sul de Utah. Foi uma aventura de cinco dias em uma das mais belas – e desoladas – regiões do país, caracterizada por impressionantes paisagens desérticas de rocha avermelhada, com pouca água e um sol implacável, habitada apenas pelas plantas e pelos animais mais resistentes.

Para sobreviver à nossa jornada, tivemos de levar todos os suprimentos necessários – comida, água e abrigo – nas costas. Foram meses de preparação e visitas a lojas que vendiam produtos para acampamento, a fim de garantir que tínhamos tudo de que precisávamos: barracas, sacos de dormir, fogareiro, panelas e purificadores de água, entre outros equipamentos. Colocamos tudo em mochilas.

Quero dizer, tudo menos um mapa.

Tínhamos um guia com algumas descrições do trajeto, acompanhadas de esboços de bifurcações na trilha e pontos de referência. Na nossa arrogância juvenil, achamos que aquilo bastaria. Na maior parte do trajeto, a trilha acompanhava um rio sinuoso no fundo de um desfiladeiro. Para que precisaríamos de um mapa?

O problema, como descobrimos no quinto dia do que, até aquele ponto, tinha sido uma viagem extraordinária, estava em saber exatamente onde deveríamos sair do desfiladeiro para pegar a trilha que nos levaria de volta ao carro. O Rio Escalante é um labirinto sinuoso de curvas acentuadas de 180 graus, quase todas iguais. Assim, quando chegou a hora de descobrir exatamente onde, naquela sequência interminável de curvas, deveríamos subir, as vagas descrições do guia se revelaram insuficientes e imprecisas.

É claro que pegamos o caminho errado e saímos do desfiladeiro a uns 30 quilômetros do carro. E, como não tínhamos um mapa, não sabíamos que tínhamos tomado a decisão errada. Tudo o que sabíamos era que procurávamos uma estrada que não conseguíamos encontrar. Fazia 35 graus, não havia uma sombra sequer no caminho e estávamos consumindo rapidamente nosso suprimento de água. Tínhamos bombas de filtragem, mas precisávamos de uma fonte de água, e todos os riachos pelo caminho estavam completamente secos.

Com avanço da tarde, as coisas foram de mal a pior. Nossa água acabou, Tony começou a alucinar devido ao calor e ainda não tínhamos conseguido encontrar a estrada. Comecei a entrar em pânico.

No deserto, o pânico pode ser fatal. Quando eu estava prestes a perder as esperanças, vi uma luz brilhando pelo canto do olho. Era o sol refletindo na água, uma poça no leito de um riacho seco. Tony e eu corremos até lá, jogamos as mochilas no chão e bombeamos nossos filtros de água feito loucos. Até hoje, aquela foi a melhor água que já tomei.

E, como dizem, o resto é história. Hidratados e capazes de pensar com clareza, subimos até um ponto alto e vimos uma estrada ao longe. Fomos para a estrada, praticamente deserta, e, por sorte, um veículo parou e nos deu carona até nosso carro. Sobrevivemos – por pouco –, apesar da nossa arrogância, e aprendemos uma valiosa lição sobre a importância de ter um bom mapa antes de iniciar qualquer jornada.

Você pode estar se perguntando por que estou contando essa história. A verdade é que muitos de nós cometem o mesmo erro que eu e Tony, só que, em vez de não nos preparar para ir ao deserto, não temos um mapa do terreno desconhecido que é o nosso eu interior, aquele mesmo eu interior que nos propomos a mudar quando decidimos nos engajar no processo de desenvolver nossa liderança. Ninguém pode lhe dar esse mapa. Você não pode comprar um num posto de gasolina na estrada: cada pessoa tem um mapa diferente. Afinal, todos nós temos pontos fortes diferentes que podemos aprimorar para aumentar a nossa eficácia na liderança e todos temos pontos fracos que precisamos identificar e trabalhar para atingir todo o nosso potencial. Pensando assim, como você vai desenvolver suas qualidades como líder? Você precisa de um plano. Você precisa de um mapa. Precisa saber onde está e para onde quer ir. E, para criar esse plano, é absolutamente crucial saber exatamente quais são os seus pontos fortes e fracos.

Trabalhei com centenas de líderes e descobri que a maioria das pessoas só tem uma ideia muito vaga de seus pontos fortes e fracos. Há várias razões para isso. Algumas nunca pararam para refletir sobre o que fazem bem e o que precisam melhorar. São pessoas ocupadas e nem sempre veem o retorno sobre o investimento desse tipo de autoanálise. Mesmo que tenham parado para pensar a respeito, podem nunca ter pedido o feedback de amigos, colegas ou familiares, de modo que sua avaliação pode não ser precisa. E, mesmo quando pedem o feedback, nada garante que este será sincero.

Essa é a essência desta dimensão da Liderança Inteligente. "Alavanque seus talentos e elimine suas lacunas" concentra-se em ajudá-lo a obter a imagem mais precisa possível de si mesmo e a aprender a usar essa informação para melhorar como líder e ser humano.

Aplicando a mentalidade da excelência na liderança

No Capítulo 4, vimos como as três primeiras dimensões da Liderança Inteligente atuam juntas para formar as bases da *mentalidade* da excelência na liderança. Pensar diferente, cultivar a vulnerabilidade e adotar a mentalidade de dever trabalham juntos para nos ajudar a ter a *perspectiva* da qual precisamos para nos desenvolver como líderes. Na quarta dimensão, começamos a nos voltar à *aplicação* dessa perspectiva na parte concreta do desenvolvimento da excelência na liderança.

Isso começa alavancando nossos talentos e eliminando nossas lacunas, que é, em muitos aspectos, o ponto crucial do desenvolvimento humano. Com isso, identificamos o que precisamos melhorar, as áreas nas quais já nos destacamos e juntamos tudo para liberar nosso potencial de liderança.

Desenvolver um "mapa" preciso de si mesmo, como discutimos antes, é o primeiro passo desse processo. Mas é igualmente importante usar essas informações corretamente. Por exemplo, como veremos mais adiante, muitos dos líderes com quem trabalho tendem a subestimar seus pontos fortes – sem lhes dar o devido valor, acabam restringindo seu próprio potencial. O mesmo vale para nossas "lacunas". Muitas pessoas tendem a "surtar" diante de qualquer feedback negativo que recebem por não conseguirem ver seus defeitos no contexto adequado. Assim, ao avançarmos por este capítulo, criaremos nossos mapas por meio da avaliação de nossos talentos e lacunas. Também analisaremos a maneira como *reagimos* às informações que recebemos das pessoas e discutiremos a melhor maneira de *aplicar* essas informações à nossa vida e ao nosso trabalho.

Antes de prosseguirmos, proponho um exercício de aquecimento. Quero que você faça duas listas simples. A primeira deve incluir suas cinco maiores qualidades ou talentos como ser humano e líder. Quais são as qualidades que acredita que as pessoas admiram em você? Quais são as áreas nas quais se sente mais confiante e que são responsáveis pelas maiores contribuições que faz às pessoas ao seu redor? A sua segunda lista deve incluir as cinco áreas nas quais acha que poderia melhorar – qualidades que, se desenvolvidas, teriam o maior impacto na sua vida. Voltaremos a essas listas mais adiante neste capítulo para ver se fez uma autoavaliação precisa e como poderá alavancar os seus talentos e fechar as suas lacunas.

O viés da negatividade

No trabalho que faço com os líderes, passamos uma boa parte do nosso tempo juntos avaliando pontos fortes e fracos (veja o Inventário do Eneagrama de Liderança de Mattone e a Figura 1.2 na página 40). Com isso, fui percebendo uma tendência interessante. As pessoas tendem a ter muito mais interesse em seus pontos fracos e no que podem melhorar do que nas coisas que já fazem bem. Ao que parece, a maioria das pessoas tem uma espécie de preferência inconsciente por ouvir sobre o que está errado com elas a saber sobre seus talentos. Isso se aplica inclusive às pessoas extremamente confiantes e com um alto grau de autoconceito. Quando eu compartilho um feedback, acontece muito de o líder dizer algo como: "Tudo bem. Entendi que sou bom em X, Y ou Z. Mas quero saber mais sobre as coisas que não faço bem". É como se o feedback positivo fosse irrelevante e eles só quisessem ouvir as más notícias.

Você também é assim? Quando fez o exercício que pedi antes, teve mais facilidade de encontrar e se identificar com seus pontos fracos do que com os fortes? A sua lista de talentos foi menor do que a de lacunas? E você tem muito mais interesse em explorar seus defeitos?

Essa tendência para o negativo pode ser intrigante no começo, mas é bastante natural. Tanto que alguns pesquisadores chegam a sugerir que a nossa preferência pelo feedback crítico pode ser uma forma de adaptação evolutiva da espécie humana. Em seu livro *Abundância: o futuro é melhor do que você imagina*, Peter Diamandis, presidente do conselho e fundador da XPrize, cita uma ampla gama de pesquisas no campo da psicologia evolutiva que exploram o que é conhecido como "viés da negatividade". Segundo a teoria, o cérebro humano evoluiu em um ambiente onde os indivíduos atentos ao perigo e que se adiantavam a situações difíceis tinham mais chances de sobreviver. Imagine viver na savana africana onde predadores espreitam por toda parte e você precisa literalmente lutar por cada refeição. Se você fosse capaz de se adiantar ao ataque das hienas, aumentaria suas chances de sobreviver! Esse foi o ambiente no qual nosso cérebro se desenvolveu, e, mesmo milhares de anos depois, ainda tendemos a nos focar nos perigos potenciais ao nosso redor. Só que agora não é dos leões ou da seca que temos medo. São medos mais sutis, como de ser demitidos, não conseguir pagar as contas ou não estar à altura do nosso potencial.

A mentalidade da abundância

O livro *Abundância*, de Peter Diamandis, apresenta alguns insights interessantes sobre o viés da negatividade, mas o principal foco do livro, e o que faz com que ele seja tão relevante para a Liderança Inteligente, são todas as possibilidades que se abrem quando você supera esse viés e adota uma visão mais otimista de si mesmo e do mundo.

O mundo no qual vivemos hoje, embora não seja completamente livre de perigo, é muito mais "seguro" do que aquele no qual nossos ancestrais evoluíram. Pense nisso. Muitos de nós passamos a maior parte da vida em ambientes protegidos, onde a nossa sobrevivência física não corre perigo. Vivemos em casas com ar-condicionado, usamos veículos para nos locomover, temos acesso a medicamentos avançados e comemos qualquer tipo de alimento que desejamos, que podemos simplesmente ir comprar no supermercado. Até muitas populações

> marginalizadas têm acesso a programas de assistência social e facilidades com as quais as tribos nômades da pré-história jamais poderiam ter sonhado.
>
> Embora nosso mundo não seja perfeito (com problemas e perigos bastante concretos que requerem a nossa atenção), ele é incrivelmente abundante em comparação com o passado. Mesmo assim, agimos como se não fosse. Não aproveitamos os talentos e oportunidades extraordinários que estão ao nosso redor – e dentro de nós – porque continuamos focados demais nos problemas. Somos programados para pensar assim.
>
> Mas imagine o que aconteceria se você conseguisse internalizar toda a abundância e todas as oportunidades existentes ao seu redor. Quando você consegue perceber que muitos dos seus temores sutis e limitações autoimpostas são simplesmente irracionais, começa a entrar em contato com o que gosto de chamar de "mentalidade da abundância". Essa perspectiva o abre para todo um mundo de possibilidades e soluções criativas que você simplesmente não tinha como ver quando estava focado apenas nos problemas e em tudo o que poderia dar errado.

Pela minha experiência, o viés da negatividade é ainda mais forte quando nos engajamos em qualquer tipo de trabalho de desenvolvimento pessoal ou profissional. Faz sentido, não é mesmo? Quando você faz um esforço consciente para melhorar, quer encontrar as coisas que precisam ser melhoradas. Há uma tendência natural de querer descobrir o que está impedindo o seu avanço. Muitas pessoas pensam em seus pontos fortes como coisas que já dominam e acham que não precisam perder muito tempo trabalhando neles. Elas acreditam, erroneamente, que, se puderem se focar exclusivamente nos pontos fracos, todo o resto melhorará automaticamente.

Esse raciocínio pode até ter um quê de verdade e, apesar de ser absolutamente crucial identificar suas lacunas e resolvê-las, você também precisa dar a mesma atenção, *ou até mais*, às áreas nas quais já é forte.

Nas minhas sessões com executivos, eu lhes pergunto: "Os seus talentos e pontos fortes os ajudaram até agora na sua vida?". A resposta deles, naturalmente, é sempre "sim". E a minha próxima pergunta é: "Então o que o impede de se focar em fortalecê-los ainda mais?". Esses talentos, pela minha experiência, não só podem ajudá-lo a fechar as suas lacunas como também podem levá-lo a alturas que você não tem como alcançar quando foca apenas em melhorar seus pontos fracos. Como diz a velha máxima do mundo dos esportes, "às vezes a melhor defesa é um bom ataque". O segredo para liberar nosso desenvolvimento pode estar em trazer à tona e acentuar o que já temos dentro de nós, mais do que incluir novas capacidades e habilidades.

Por exemplo, uma cliente minha, uma diretora operacional de uma empresa da Fortune 500, não estava conseguindo motivar sua equipe para fazer uma transição organizacional que ela tinha sido encarregada de liderar. Vamos chamá-la de Rose Marie. Ela era tímida por natureza e tinha passado anos ouvindo que motivar as pessoas não era seu ponto forte. Rose Marie era ótima com números e detalhes logísticos, mas tinha dificuldade de empolgar as pessoas com suas ideias e convencê-las a colocar os planos em prática.

Rose Marie achava que motivar as pessoas implicava fazer discursos inspiradores nas reuniões, mas tinha pavor de falar em público, inclusive para grupos pequenos. Então ela treinou suas habilidades de comunicação oral, ensaiando o que diria para sua equipe na frente de um espelho antes das reuniões matinais e chegou a fazer um curso de oratória. Ela até conseguiu se soltar um pouco mais em público, mas todo aquele empenho não levou aos resultados que ela esperava.

Quando Rose Marie começou a trabalhar comigo, a primeira coisa que fiz foi ajudá-la a se livrar da ideia de que ela precisaria de alguma forma se transformar em algo que não era: uma excelente oradora. Àquela altura da vida, ela simplesmente não se transformaria numa palestrante motivacional capaz de atrair multidões. Mas isso não significava que ela não poderia se tornar uma grande motivadora. Pedi a ela que pensasse no que a levou a ter sucesso no trabalho até então, ou seja, seus principais pontos fortes. A primeira coisa que lhe veio à mente foi que ela tinha um talento natural para pegar problemas complexos e transformá-los em modelos fáceis de entender e criar planos detalhados para resolvê-los. Foi isso que a levou a se tornar uma diretora operacional de sucesso.

Exploramos como ela poderia usar esse talento para motivar sua equipe. Constatamos que as pessoas admiram a capacidade de Rose Marie de simplificar situações complexas. Com base nisso, ela passou o fim de semana criando um belo mapa para o plano de transição organizacional. Outro de seus pontos fortes era sua capacidade de reconhecer as circunstâncias específicas de cada pessoa, de modo que ela fez questão de incluir as principais funções e responsabilidades de cada membro da equipe.

Na segunda-feira, Rose Marie revelou seu plano na reunião de equipe e o explicou passo a passo. Os participantes ficaram impressionados. A maneira como ela conseguiu esclarecer a situação e o cuidado que teve de ajudar cada membro da equipe a entender seu papel específico no plano acabaram sendo um grande motivador para todos os envolvidos. E ela nem precisou fazer o temido discurso motivacional.

No exemplo acima, identificamos uma das "marcas registradas positivas" de Rose Marie, para usar a expressão da minha colega e coach executiva Avra Lyraki. São as habilidades inatas que possuímos e que fizeram de nós as pessoas que somos hoje. Essas habilidades geralmente são responsáveis pela maioria dos sucessos que temos na vida, mas, como constituem uma parte tão integral de quem somos, muitas vezes nem chegamos a reconhecer sua existência ou seu valor. Enterrado dentro de cada uma dessas marcas registradas positivas, ou seja, por trás da nossa tendência profundamente enraizada de ver o que há de errado conosco, está um potencial inexplorado.

O segredo é identificar essas marcas registradas positivas e, como Rose Marie fez, usá-las como plataformas e ver até onde elas podem nos levar. Os melhores líderes são capazes de fazer isso, e você também é. Se conseguir superar seu viés de negatividade por apenas um momento e se permitir ser quem é, dando mais peso às suas características extraordinárias, prometo que ficará surpreso e satisfeito com os resultados.

Agora que vimos a importância de alavancar seus pontos fortes, vamos voltar à lista que fez no começo do capítulo. Consegue pensar em outros pontos fortes inatos que gostaria de trabalhar e que pode ter deixado de incluir na sua lista? Consegue pensar em novas maneiras de se beneficiar dos seus pontos fortes?

Fique de olho nas lacunas

Agora que exploramos os seus pontos fortes, você está pronto para dar uma olhada nos seus pontos fracos. As suas lacunas, como gosto de chamá-las, são simplesmente as áreas que você poderia realmente melhorar. Podem ser habilidades que ainda não desenvolveu muito, como pensamento estratégico, comunicação ou atenção aos detalhes. Ou podem ser problemas de caráter, como ter pavio curto ou ser egocêntrico. As suas lacunas podem ser claras para você – o tipo de coisa sobre a qual você tem recebido feedback há anos. Ou podem ser mais sutis, questões que você precisa de ajuda para identificar.

O segredo para identificar suas lacunas é buscar os "fatores limitantes do crescimento". A ideia não é descobrir problemas só para você se conhecer melhor (apesar de ser uma causa nobre). O objetivo é obter resultados. Somos pessoas ocupadas e não temos tempo para melhorar todos os aspectos de quem somos. Eu tenho um fraco por sorvete, mas trabalhar nisso não me ajudará a ser uma pessoa melhor ou a desempenhar melhor o meu trabalho. Por isso, queremos encontrar as áreas que, se aperfeiçoadas, melhorariam consideravelmente todos os aspectos da nossa vida. São áreas que, quando combinadas com os seus talentos, terão um impacto maior no atingimento do seu potencial.

Meu colega Paul Cortissoz, fundador da HR Soul Consulting, contou como conseguiu promover um crescimento significativo ajudando um de seus clientes executivos, Jason, diretor de marketing de uma grande empresa, a se focar em um importante ponto fraco. Como Rose Marie no exemplo acima, Jason não estava conseguindo motivar sua equipe. Só que, ao contrário de Rose Marie, Jason era um visionário brilhante e sabia empolgar a equipe nas reuniões. Mas, por algum motivo, a energia que ele conseguia inspirar não estava levando a resultados concretos. Sua equipe estava apresentando um desempenho fraco, apesar de ser muito talentosa, e ele estava começando a se frustrar.

Como é comum acontecer com muitos líderes visionários, Jason estava tendo dificuldade de enxergar sua própria responsabilidade nos problemas de desempenho da equipe. Ele era muito competente e achava que estava fazendo tudo o que podia para animar seu pessoal. Só que sua equipe ainda não estava conseguindo atender às expectativas. Paul persistiu e conseguiu colocar Jason em um estado vulnerável o suficiente para que ele pudesse começar a considerar a possibilidade de algum aspecto de seu estilo de liderança estar prejudicando o desempenho de sua equipe.

Acontece que Jason focava no "quadro geral" e tinha uma enorme aversão aos detalhes. Ao abraçar sua vulnerabilidade, Jason foi capaz de pedir feedback sincero de sua equipe, que disse que se sentia inspirada mas de alguma forma abandonada por ele. Jason empolgava todo mundo com um projeto e deixava os detalhes para os outros. Ele não tentava se familiarizar com o lado prático do trabalho e não queria saber dos problemas que sua equipe estava enfrentando. A consequência era que o "quadro geral" que Jason via não se baseava em informações sólidas sobre a viabilidade de colocar essa visão em prática. Além disso, sua equipe não sentia muita empatia da parte de Jason, o que os levava a não ter muita vontade de empenhar-se por ele, apesar de seus discursos inspiradores.

Com a ajuda de Paul, Jason começou a se interessar pelas operações do dia a dia de sua equipe. Passou a conversar diariamente com os principais integrantes de sua equipe, esforçando-se para avaliar as especificidades com que estavam lidando em cada função. Ele não abandonou a visão geral, que era um de seus maiores talentos, mas incluiu a importantíssima capacidade de informar-se sobre as implicações práticas dessa visão.

A nova atenção de Jason aos detalhes não se tornou uma marca registrada positiva, mas deixou de ser um limitante de seu progresso. Além disso, essa nova habilidade passou a acentuar outros pontos fortes. Conhecer as implicações práticas de sua visão do "quadro geral" fortaleceu ainda mais sua visão, que agora tinha bases sólidas na realidade. Em consequência, os discursos inspiradores de Jason começaram a ser levados a sério pelos membros de sua equipe. Eles passaram a confiar mais em Jason, porque viam que ele estava se esforçando para levar em consideração as circunstâncias específicas de cada um.

Caminhe em direção à perfeição

Encarar nossos defeitos pode ser uma das tarefas mais difíceis do processo de desenvolvimento da liderança. Não é fácil admitir nossas imperfeições e é ainda mais difícil começar a fazer alguma coisa a respeito. Uma das principais razões para isso está ligada à maneira como vemos o processo de autoavaliação. Acredito que, se quisermos ser capazes de reagir às nossas "lacunas" da maneira mais construtiva possível, precisamos desenvolver uma perspectiva mais fluida sobre nós mesmos e nossas imperfeições.

A maioria de nós tende a ver a si mesmo como uma entidade estática e os defeitos como sinais de que ainda não atingimos algum ideal de perfeição que nutrimos no decorrer de toda a vida. Mas a verdade é que somos muito mais dinâmicos do que tendemos a acreditar, e nossos defeitos são uma parte natural do nosso crescimento como seres humanos. Sempre gostei muito de uma frase de John Wesley, um teólogo britânico do século 18, que diz que a jornada humana é uma "caminhada em direção à perfeição". Em outras palavras, ninguém é perfeito, mas sempre podemos buscar a perfeição.

Acredito que todos nós, com nossos defeitos e características extraordinárias, somos obras inacabadas. Sempre há espaço para melhorar e, portanto, sempre há "lacunas" para fechar. Pensando assim, um ponto fraco não precisa ser visto como um "defeito" ou um equívoco. É mais interessante vê-lo como uma oportunidade de crescimento. É o próximo desafio que podemos enfrentar para nos aproximar da perfeição.

Você pode achar estranho, mas nos ver como obras inacabadas tem muita relação com a mentalidade de dever que exploramos no Capítulo 4. Como vimos, a "mentalidade de dever" que buscamos cultivar envolve basicamente manter em vista a nossa profunda interconexão com a matriz de relacionamentos que constitui a nossa vida. Quando nos esforçamos para melhorar um aspecto de nós mesmos, como Jason fez no exemplo, o resultado é um efeito cascata que também afeta as pessoas ao nosso redor. Começamos a nos ver não tanto como indivíduos estáticos que estão "aquém" da perfeição, mas como facilitadores do crescimento. Pensando assim, nossas lacunas não são exclusivamente nossas. São lacunas do complexo sistema ao qual pertencemos e oportunidades de melhorar a vida de todas as pessoas.

Agora que exploramos o conceito de "lacunas", vamos fazer uma pausa para refletir um pouco. Quais são as áreas que oferecem as maiores oportunidades de melhoria para você? Quais são os pontos fracos que acha que estão consumindo a maior parte da sua energia e impedindo o seu progresso? Este é um bom momento para recorrer à sua rede de apoio. Eles levantaram novas questões que você nunca tinha percebido?

Ao começar o processo de eliminar suas lacunas, evite o perfeccionismo a qualquer custo. Dedique-se a se melhorar continuamente, mas sem se deixar ficar decepcionado, chocado ou intimidado pelo fato de ser uma pessoa cheia de defeitos. Essa é a única maneira saudável de resolver as suas lacunas e o único jeito de tentar fechá-las.

Atinja o equilíbrio certo

Você se lembra da analogia do mapa do início deste capítulo? Ao criar o mapa do seu território interior – com seus pontos fortes e fracos –, é indispensável encontrar o equilíbrio certo. Quero reforçar a importância de não ser muito duro consigo mesmo ao começar a avaliar suas lacunas. Não desanime e tente não se deixar levar pelas emoções. Examine suas lacunas como um cientista faria: de maneira objetiva e analítica. Pense na sua personalidade como algo a ser estudado e aprimorado. Em resumo, não leve para o lado pessoal. Mas, por outro lado, evite se empolgar demais e se focar apenas nos seus pontos fortes. É muito fácil deixar de ver algumas das "desvantagens" resultantes da nossa combinação específica de pontos fortes e fracos.

Por exemplo, digamos que você esteja descobrindo que tem um talento especial para o pensamento estratégico, um talento que até então não vinha utilizando. Você percebe que é capaz de ver a "floresta" quando os outros se limitam a ver as árvores e pode começar a defender mais essa visão do quadro geral. Isso é ótimo! Mas, no processo, é importante evitar que isso lhe suba à cabeça. Você não quer passar a ignorar a importância de uma perspectiva mais orientada aos detalhes e confiar apenas na sua visão mais ampla. Também é importante não confundir qualquer progresso ou sucesso resultante de alavancar seus pontos fortes com ter atingido algum tipo de perfeição. Até LeBron James, considerado por muitos o melhor jogador de basquete do planeta, pratica para desenvolver novas habilidades a cada ano que passa. Sempre dá para melhorar um pouco mais.

Não importa quão bom você seja, sempre é possível melhorar. E, mesmo se você for cheio de defeitos, sempre há potenciais inexplorados que você pode não estar vendo.

Concentre-se no alvo enquanto avança

Quando você dominar a arte de alavancar seus talentos e eliminar suas lacunas, vai preferir ter sempre a imagem mais clara possível de si mesmo. Vai sempre querer coletar todo o feedback que puder para saber exatamente o que precisa melhorar, porque nunca vai querer parar de mudar e se desenvolver. Esse objetivo lhe permitirá aceitar todas as opiniões com maturidade e tomar medidas para fechar as lacunas com tranquilidade.

Tenha em mente que até o líder mais maduro terá alguma dificuldade de incorporar essa dimensão. De tempos em tempos, ele vai precisar se forçar a pedir feedback e fazer alguma coisa a respeito. Todos nós precisamos trabalhar nessa dimensão e há algumas medidas concretas que podemos tomar para dar início ao processo de autoavaliação. Veja abaixo uma série de exercícios e comportamentos que você pode usar para colocar essa dimensão em prática.

Visão 360 graus

O primeiro passo no processo de dominar essa dimensão da Liderança Inteligente é desenvolver o que chamo de "visão 360 graus" de si mesmo. Essa etapa envolve avaliar tanto os seus pontos fortes quanto os seus pontos fracos. Também inclui ver tanto os aspectos mais óbvios quanto os mais sutis do seu comportamento ou caráter – uma combinação de características claras, como seus hábitos de comunicação, e elementos mais difíceis de identificar, como a maneira como você se vê como líder. Quando eu trabalho com os clientes para desenvolver sua visão 360 graus, usamos uma combinação de autoavaliações (ferramentas como o Inventário do Eneagrama de Liderança de Mattone) e consultas à sua rede de apoio. Usando feedback subjetivo e objetivo, obtemos uma visão completa de cada pessoa. Você também pode usar essas ferramentas para desenvolver uma visão 360 graus de si mesmo.

Gosto de usar uma analogia médica para mostrar aos líderes a importância de ser muito preciso na identificação de seus pontos fortes e fracos. Na medicina, costuma-se dizer que "prescrever um tratamento antes de diagnosticar a doença é negligência médica". Qualquer médico que prescreve um remédio sem ter feito diferentes exames para ter um diagnóstico preciso e claro está prescrevendo o medicamento errado, a dosagem errada e o tratamento errado. Pense nas ramificações disso. Nenhum médico pode prescrever um tratamento sem ter feito um diagnóstico completo, para não incorrer em erros. O mesmo se aplica ao mundo da liderança e do desenvolvimento pessoal. Para criar um bom plano de melhoria, é crucial termos um diagnóstico preciso!

Isso requer muita vulnerabilidade, especialmente no começo. Você precisa se dispor a ser absolutamente sincero consigo mesmo. E precisa ser humilde para pedir a opinião honesta das pessoas sobre você. No entanto, quase todas as pessoas que se envolvem nesse processo saem com uma enorme clareza, autoconfiança e confiança das pessoas. Sugiro que reserve um tempo neste ponto do processo para fazer a sua avaliação 360 graus. Faça uma lista dos seus pontos fortes e fracos e peça o feedback de sua rede de apoio.

Peça sugestões sobre o que fazer

Ao analisar os resultados da sua visão 360 graus e de qualquer outro feedback que recebeu no passado, é importante reconhecer que *tudo o que aconteceu no passado ficou no passado*. O passado não pode ser mudado e não adianta ficar ruminando os erros. Uma maneira de manter-se voltado para o futuro é mudar o jeito como você pede feedback. Em vez de simplesmente perguntar às pessoas o que elas acham que você faz bem ou não, sugiro aos meus clientes que peçam o que eu chamo de "sugestões sobre o que fazer". Por exemplo: "Mary, o que você sugere que eu faça para melhorar o meu estilo de comunicação?". Essa técnica é poderosa porque aborda indiretamente os seus erros e suas falhas do passado de uma maneira que evita deixá-lo na defensiva ou atolado em arrependimento. Pedir sugestões sobre o que fazer concentra-se em soluções e no potencial, que são a essência da Liderança Inteligente. A ideia não é nos conhecer só para ter mais autoconhecimento. Queremos nos aprimorar e nos tornar líderes e seres humanos melhores. Pedir sugestões sobre o que fazer mantém você e a sua rede de apoio alinhados com essa mentalidade orientada aos resultados.

Simplifique seu plano

Uma vez que conseguiu ter uma ideia bem clara dos seus talentos e lacunas, você precisa elaborar um plano de ação. No caso dos talentos, a ideia é ver como se focar mais em cada um desses aspectos na sua vida. No caso das suas lacunas, você deve procurar maneiras de melhorar os pontos fracos e reduzir as consequências negativas dos comportamentos que não o beneficiam. Lembre-se de que não é possível se transformar em outra pessoa. As lacunas sempre existirão. Mas você pode se conscientizar delas e desenvolver estratégias para impedir que você e as pessoas sejam prejudicados por elas.

É importante que seu plano de ação seja simples. A ideia é pensar em uma ou duas estratégias para cada qualidade. Crie estratégias simples e objetivas. Por exemplo: "Vou melhorar a minha habilidade de conduzir reuniões construtivas com a equipe: a) passando pelo menos uma hora preparando cada reunião e b) pedindo com antecedência as opiniões e sugestões das pessoas". Não deixe de definir prazos para cada estratégia e mostre seu plano a uma pessoa de sua confiança para ajudá-lo a monitorar seu progresso.

Por fim, não dê um passo maior do que a perna. Nunca trabalhe em mais de dois pontos fortes e dois pontos fracos ao mesmo tempo. Comece pequeno e use seus sucessos como plataformas para ir incluindo novos itens ao seu plano. É melhor ter sucesso em um plano despretensioso do que fracassar em um plano ambicioso.

Seja um especialista em si mesmo

O objetivo final desse processo é tornar-se o maior especialista do mundo em si mesmo. A ideia é conhecer, mais do que ninguém, exatamente os detalhes e as nuances dos seus pontos fortes e fracos. É complicado viver sem autoconhecimento. Você acaba como um elefante numa loja de objetos de porcelana e sem se dar conta disso. Mas, se você reunir a coragem e a vulnerabilidade para dar uma boa olhada no espelho, usando o feedback que receber, vai poder se conhecer muito melhor e ter uma ideia muito mais precisa do seu impacto no mundo, tanto positivo quanto negativo. Esse autoconhecimento não tem preço.

6

Tenha a coragem de agir com orgulho, paixão e precisão

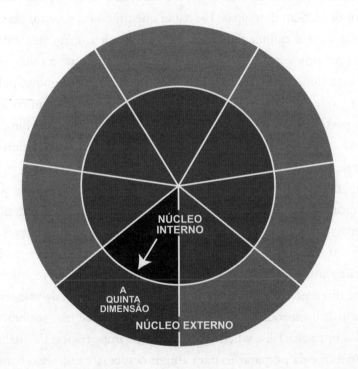

Quando meu filho mais velho, Nick, era criança, ele era apaixonado por basquete. E ele jogava bem. Muito bem. Graças a uma combinação de talento natural e uma grande dedicação ao esporte, ele se tornou um dos melhores jogadores de basquete colegial dos Estados Unidos, ganhou uma bolsa de estudos para jogar basquete universitário na primeira divisão e jogou profissionalmente na Europa, até que uma lesão encerrou prematuramente sua carreira.

Uma das coisas que sempre admirei em Nick – e uma das qualidades que levaram a seu sucesso no basquete – é sua disposição de dar tudo de si em qualquer circunstância. Ele estava sempre disposto a fazer sua parte. Ele sabia que, assim que a bola entrava em jogo, nada mais importava, exceto os acontecimentos na quadra. Todo o treinamento, todas as vitórias e os fracassos, toda a preparação do mundo... nada importava depois que o jogo começava. Na hora do jogo, ele tinha que trocar de marcha e dar o melhor de si. Sem desculpas. Ele sabia que precisava mostrar serviço.

Ao explorar a quinta dimensão da Liderança Inteligente, entramos na nossa própria versão da "hora do jogo". É aqui que a coisa fica séria. É nessa dimensão, "tenha a coragem de agir com orgulho, paixão e precisão", que mudamos nossa perspectiva e nos direcionamos à ação. Grande parte do trabalho que fizemos nas primeiras quatro dimensões se voltou a desenvolver a nossa autoconsciência. Na quinta dimensão, nosso trabalho é traduzir esse conhecimento em ação.

A capacidade de Nick de mergulhar de corpo e alma no jogo quando mais importava era o que o distinguia de outros jogadores que podiam até ter mais talento do que ele. Também é o que separa os líderes excelentes dos medíocres. A disposição de agir sob pressão é uma qualidade importantíssima que separa os impostores dos líderes que realmente fazem uma diferença. Os melhores líderes sabem que de nada vale ter todo o brilhantismo ou todo o talento do mundo se você não souber transformá-los em ação. Eles sabem que, apesar da importância da análise, do planejamento e da preparação para atingir o sucesso, tudo isso é inútil se não for traduzido em resultados. Ou, dito nas sábias palavras do mestre Yoda em *Star Wars*, "Faça ou não faça. Tentativa não há".

Saia da sua zona de conforto

Pode parecer que todo mundo é capaz de agir, mas na verdade essa capacidade é muito rara. Escrevo estas linhas em janeiro, o mês das resoluções.

As resoluções de Ano-Novo e seu breve tempo de vida são um exemplo perfeito de como pode ser raro e difícil colocar os planos em prática. As resoluções são um tema de piadas sem-fim porque tendem a ser anunciadas com tamanha ousadia todo começo de ano só para serem previsivelmente abandonadas alguns meses depois. O simples fato de *planejarmos* não significa que *faremos* alguma coisa. É preciso ter coragem para executar um plano. Você precisa de nervos de aço para ter uma visão e efetivamente concretizá-la, seja um projeto no trabalho, uma resolução de Ano-Novo ou um livro.

Diante da realidade do dia a dia, transformar nossos planos e metas em ação costuma ser muito mais difícil do que esperamos. Para concretizar um plano ou uma visão – não importa se for algo pequeno ou grandioso –, você inevitavelmente precisará sair da sua zona de conforto e fazer incursões em um território novo e desconhecido. Você encontrará obstáculos e dificuldades que jamais teria como prever. E incontáveis forças internas e externas parecem esperar para aparecer só depois que o jogo começa.

Muitas pessoas sucumbem à pressão. Elas preferem deixar o esforço para os outros. Hesitam em assumir a responsabilidade por fazer as coisas acontecerem. É claro que não há problema algum nisso, mas a liderança requer outro tipo de atitude. Os melhores líderes se dispõem a enfrentar todas as dificuldades para executar um plano. São eles que têm a coragem de entrar em território desconhecido em nome de todos.

Cultive a coragem apesar da resistência

Se você ficou um pouco nervoso com essa dimensão, isso é um bom sinal. A demanda por resultados ou, em outras palavras, a pressão por executar, leva a uma resistência natural até na pessoa mais corajosa. Aquele lado nosso que prefere seguir o caminho mais fácil e evitar a responsabilidade de entregar resultados sempre fica um pouco intimidado. A questão é a seguinte: todo mundo sente alguma resistência a agir, mas os líderes são as pessoas que cultivam a capacidade de agir apesar dessa resistência.

Qualquer um pode cultivar essa coragem. A coragem, como vimos no Capítulo 1, quando falamos sobre caráter, é a disposição de agir diante das adversidades ou da pressão. É algo que você pode começar a fazer imediatamente e pode começar pequeno.

Uma colega, Lyne Cathcart, criou uma abordagem para ajudar seus clientes a cultivar a coragem em sua vida. Sempre que eles fazem alguma coisa que, na opinião dela, demonstra coragem, mesmo se for só um pouco, ela lhes dá o "Prêmio Colhões de Ouro". Mesmo sendo uma piada, o prêmio tem o objetivo de validar a ação realizada pelo cliente e incentivar sua nova motivação interna a crescer e refletir-se em atos mais expressivos de coragem e caráter.

Ser corajoso não tem nada a ver com aquilo que um super-herói dos quadrinhos faz. Como já vimos, alguns dos atos mais corajosos são sutis: ousar ser vulnerável, encarar e admitir os próprios defeitos, fazer algo diferente do que você sempre fez antes. Na verdade, embora o Prêmio Colhões de Ouro de Lyne soe como algo saído diretamente do Manual de Liderança John Wayne, ela normalmente premia os clientes quando eles realizam um ato de "vulnerabilidade heroica". A coragem de agir pode assumir várias formas, mas precisa ter raízes na ação.

As três qualidades da ação corajosa

Quais são as características de uma execução corajosa? Bem, depende da pessoa e das circunstâncias. Qualquer pessoa que assume a responsabilidade de traduzir a visão em ação está demonstrando essa dimensão de liderança. No entanto, descobri que três qualidades da ação corajosa são universais: executar com orgulho, executar com paixão e executar com precisão. Neste capítulo, exploraremos essas três qualidades, veremos como elas se expressam no contexto da Liderança Inteligente e como você pode cultivá-las sozinho.

Vamos começar com executar um plano com orgulho.

Tenha orgulho do que você faz

Toda moeda tem dois lados. O mesmo pode ser dito do orgulho. Por um lado, o orgulho pode assumir a forma de teimosia, egoísmo ou arrogância. Esse orgulho negativo leva as pessoas a empinar o nariz e se ater à ilusão de que só elas sabem as respostas de praticamente quase tudo. Essa expressão de orgulho leva as pessoas a confiarem demais em sua capacidade, a se indispor com os outros e impede seu sucesso.

Do outro lado da moeda está o orgulho positivo, que, na medida certa, é uma importante qualidade da liderança. Essa característica está diretamente ligada à ação e se baseia em "orgulhar-se" do que faz. Por exemplo, um amigo meu é um talentoso marceneiro. Ele faz belíssimas mesas e armários e se recusa a fazer concessões em sua arte. Ele tem muito orgulho de seu trabalho e de maneira alguma é arrogante. Ele se recusa a comprometer a qualidade de sua arte e impõe a si mesmo, e a todas as pessoas que trabalham com ele, um alto padrão de qualidade. O resultado é uma robusta confiança em seu trabalho.

O mesmo se aplica à liderança. Se você tem orgulho do que faz e se impõe um alto padrão de excelência, vai exalar liderança natural. O orgulho positivo é uma conquista e uma qualidade que não pode ser fingida ou imitada porque resulta de comprometer-se com um plano do início ao fim e responsabilizar-se por entregar resultados. O orgulho positivo é cumulativo, e, a cada sucesso, você fica mais confiante na sua capacidade de agir. Com esse efeito cumulativo, você poderá sempre recorrer ao orgulho positivo que conquistou. Esse é o tipo de orgulho que faz a diferença, o tipo de orgulho que as pessoas respeitam e ao qual você pode recorrer para vencer as dificuldades.

Pense em como se sentiu quando persistiu e realizou algo difícil em comparação com quando desistiu antes da hora. Um exemplo simples, no meu caso, é meu programa de exercícios diário. Quando acordo de manhã, a última coisa que quero fazer é ir para a academia. Eu estou cansado e ansioso com tudo o que preciso fazer e não me faltam razões para ficar mais um pouco na cama e não ir à academia. Quando ignoro todas essas vozes na minha cabeça e vou à academia, sempre me sinto melhor, e não só fisicamente. Eu fico orgulhoso de mim mesmo. Eu saio da academia mais forte e mais confiante na minha capacidade de superar qualquer resistência, interna ou externa.

Não dá para fingir esse tipo de orgulho positivo, o que é ao mesmo tempo ruim e bom. O lado ruim é que, se você quiser se orgulhar das suas ações, não pode deixar de agir. Você não tem como pegar um atalho! O falso orgulho não passa de uma forma de arrogância, algo que as pessoas percebem a quilômetros de distância. O lado bom é que o orgulho positivo é algo que qualquer um pode começar a cultivar imediatamente. Esse tipo de orgulho resulta da ação, mesmo quando essa ação não for conveniente ou confortável, e de impor a si mesmo um alto padrão de excelência. A cada vez que executa um plano com o orgulho que conquistou, você reforça o melhor de si mesmo.

Onde está a paixão?

Todo mundo já teve a experiência de ser tão apaixonado por alguma coisa que todo o resto parece ter ficado em segundo plano. Você pode sentir essa paixão quando lidera uma importante campanha no trabalho, quando treina o time de futebol do seu filho, faz uma reforma na casa, toca algum instrumento ou pinta. Qualquer que seja a atividade, você fica tão apaixonado e absorto que dá tudo de si. Acredito que a paixão é um dos principais impulsionadores de praticamente todas as empreitadas humanas, e descobri que um líder precisa ser capaz de acionar a paixão.

Minha paixão é ativada quando dou uma palestra a um grupo. É quando estou no meu habitat natural, por assim dizer. A paixão que tenho por falar em público me faz sair da cama de manhã e me levou a viajar até os confins da terra. Impulsionado por essa paixão, me dispus a enfrentar, até superar, os vários obstáculos que durante anos me impediram de ser um palestrante de sucesso. Hoje, tenho o privilégio de falar para grandes plateias em conferências e eventos corporativos. Mas levei um bom tempo para chegar a esse ponto. Passei anos viajando pelo país para fazer pequenos bicos, com uma maleta na mão e dormindo em hotéis de, no máximo, meia estrela. Eu não ganhava muito e passava muito tempo longe da minha família. Mas persisti, em parte, motivado pela minha paixão. Até que, no fim, tudo valeu a pena.

A paixão é um dos nossos maiores aliados na busca de recursos para persistir na ação apesar da resistência. Precisamos da paixão para executar com coragem. O problema é que nem sempre temos acesso a ela. Podemos perder a paixão de vista e uma atividade específica, nosso emprego ou até a vida como um todo simplesmente começa a perder a graça. Em momentos como esse, a paixão não flui naturalmente e precisa ser deliberadamente mobilizada. Mas como?

Pela minha experiência, a melhor maneira de acender o fogo da paixão é pensar no seu propósito central. Como vimos na primeira dimensão da Liderança Inteligente, o seu propósito central é uma espécie de declaração de missão para a sua vida – a grande visão de quem você quer ser e por que está neste planeta. Gosto de passar um tempo todo dia pensando sobre o meu propósito central. Quando tudo está fluindo na minha vida, essa ponderação confirma as minhas crenças. E, nos momentos em que não consigo mobilizar minha paixão, esse tempo de reflexão me ajuda a encontrar o rumo certo para sair do deserto. A ideia é manter um vínculo firme e claro com o seu propósito central, capaz de sobreviver aos inevitáveis altos e baixos da vida e ser uma fonte constante de força.

Ao cultivar sua paixão mais profunda, aquela vinculada ao seu propósito central, será mais fácil fechar a lacuna entre a visão e a ação. Você conseguirá se manter avançando com energia, mesmo quando parecer que tudo e todos estão contra você.

Agindo com precisão

Algumas áreas da vida requerem mais precisão do que outras. Se você estiver pilotando um avião ou fazendo uma cirurgia cardíaca em um paciente, por exemplo, sua atenção aos detalhes – ou a falta dela – terá consequências maiores do que se você estiver cortando a grama ou jogando bola com os amigos. Na liderança, são as situações nas quais "a bola está em jogo" que exigem mais atenção e foco. Os melhores líderes são capazes de perceber quando e onde a precisão é mais necessária e têm a coragem de agir com a precisão adequada nesses momentos.

Os benefícios de agir com precisão são claros. Você comete menos erros, não conta tanto com a sorte e, em consequência, tem mais controle sobre a situação. Você reduz muito as suas chances de sucesso se for desleixado. Mas existe outro benefício da precisão que você pode não ter considerado, que tem mais a ver com a sua forma de pensar. Ao se forçar a seguir um padrão de precisão, você acaba tendo um foco intenso em tudo o que faz, e essa mentalidade afeta toda a sua equipe. De repente, você e a sua equipe saem do piloto automático e imbuem cada tarefa de um nível muito mais elevado de atenção. Esse tipo de foco é como um laser capaz de ultrapassar praticamente qualquer desafio ou obstáculo da sua vida.

Agir com precisão também o ajuda a canalizar melhor seu tempo e sua energia. Quando a sua equipe está absolutamente focada em um resultado, vocês têm menos chances de se desviar do caminho e todas as suas ações são direcionadas ao mesmo objetivo. Fica mais fácil definir prioridades e evitar qualquer coisa que não contribua para aquilo em que está trabalhando. Esse tipo de foco cria um impulso cumulativo e contagiante. Como um líder, você é responsável por ditar o tom da equipe. Quando você age com alto grau de precisão e foco, as pessoas são inspiradas a fazer o mesmo. As pessoas se mantêm no caminho certo, seguem um padrão mais elevado e adotam o mesmo foco que você aplica ao seu dia a dia.

O poder dos três

Quando você se compromete com alto grau de precisão e foco, imbui tudo o que faz de uma nova energia. Você evita perder tempo, deixa de cometer erros bobos e começa a gerar um ímpeto que contagia as pessoas. Você se orgulha do que faz, executa com paixão e impõe um alto grau de precisão a si mesmo e aos outros. É uma combinação que só pode levar ao sucesso. Quando você aprende a aplicar essas qualidades à execução de seus planos, o resultado é o tipo de ação corajosa que todos os grandes líderes são capazes de realizar quando mais importa, ou seja, quando a bola está em jogo.

É preciso ter coragem para mudar

Os melhores líderes desenvolvem o hábito de agir porque ninguém está mais preparado do que eles para seguir adiante com confiança diante das mudanças. Como líder, você deve estar preparado para lidar com constantes mudanças, seja no desenvolvimento de suas capacidades de liderança, seja na tentativa de mudar os sistemas e a cultura da empresa. O problema é que não é fácil mudar. É por isso que você precisa dominar o que eu chamo de "arte da ação corajosa".

Por definição, uma mudança requer que você saia de sua zona de conforto e entre em um território novo e desconhecido. Quando você tenta mudar seu próprio comportamento, muitas vezes pode ter a impressão de que está num daqueles pesadelos nos quais percebemos que estamos sem roupa na frente de todos, ou seja, completamente despreparados e desestabilizados. Quando você tenta mudar uma cultura inteira, é inevitável atrair a negatividade e a resistência de todos a seu redor. Nessas circunstâncias, você pode se sentir vulnerável e descobrir que não tem experiência suficiente para saber qual caminho seguir e o que fazer em seguida. Muitas pessoas ficam paralisadas quando se veem fora de sua zona de conforto e simplesmente não conseguem seguir em frente.

É nesse ponto que a coragem de agir passa a ser de extrema importância. Se você desenvolveu o hábito de agir com coragem – de agir com orgulho, paixão e precisão –, terá mais confiança para entrar em território desconhecido, mesmo sem ter um ponto de referência. O domínio dessa dimensão da Liderança Inteligente deixa você mais confortável quando precisa de sair da sua zona de conforto. Você não se intimida com a mudança. Pelo contrário, você a abraça.

A coragem como um dever

Esta dimensão da Liderança Inteligente pode representar um grande desafio para muitas pessoas. Agir, especialmente com coragem, não é fácil e requer determinação. Se estiver tendo dificuldade de engajar-se nessa dimensão, pode tentar um truque que costumo usar com meus clientes: se não consegue agir por você mesmo, faça isso pelos outros. Como vimos no capítulo sobre mentalidade de dever, todos nós fazemos parte de uma ampla rede de relacionamentos e muitas pessoas contam conosco. Descobri que ver as coisas desse ponto de vista não raro nos ajuda a ter coragem de realizar até a ação mais difícil.

Uma das experiências mais marcantes de como o dever pode inspirar a coragem vem de um trabalho que fiz com um cliente meu. Alfredo é o CEO da divisão México e América do Sul de uma grande multinacional de marketing. Ele era um bom líder e me contratou para ajudá-lo a melhorar ainda mais sua liderança. Uma parte importante do trabalho que faço com todos os meus clientes é uma avaliação 360 graus. Eles fazem autoavaliações personalizadas e eu peço o feedback de seus funcionários, chefes e colegas. Com todas as informações em mãos, trabalhamos juntos para criar um plano de desenvolvimento da liderança para alavancar seus talentos e eliminar suas lacunas. O último e mais importante componente do processo envolve o cliente apresentar à equipe os resultados da avaliação e seu plano inicial de desenvolvimento da liderança.

Alfredo percorreu com facilidade todas as etapas do processo – exceto a apresentação final para a equipe. Quando chegou a hora de apresentar os resultados, ele quase desistiu. Tínhamos marcado uma reunião com 18 membros de sua equipe de liderança sênior e eles estavam na sala de conferência aguardando a apresentação de Alfredo. Mas ele hesitava em admitir seus defeitos, temendo perder o respeito de seus subordinados. Ele congelou e não conseguia reunir coragem para sair de sua sala. Em vista disso, decidi ajudá-lo, mostrando a ele o quadro mais amplo. Expliquei que todas as pessoas de sua equipe sairiam ganhando com isso. Se ele conseguisse encontrar a coragem para ser vulnerável, seria uma fonte de inspiração para todos. Sua ação corajosa seria um grande exemplo de liderança a ser seguido pela equipe.

> Ele finalmente se convenceu. Inspirado por essa motivação "orientada ao outro", Alfredo reuniu coragem para apresentar à equipe os resultados de sua avaliação e seu plano de desenvolvimento de liderança. Ele compartilhou corajosamente as áreas nas quais precisava melhorar sua liderança e seus planos para fazer isso. O resultado foi profundo. Ele disse aos membros de sua equipe que ele só poderia ser um bom líder se pudesse contar com o apoio de cada um deles. Ao fim de sua apresentação, os membros da equipe se levantaram e o aplaudiram de pé. Ele ficou tão emocionado e grato pelo apoio deles que abraçou cada um deles com lágrimas nos olhos.
>
> Alfredo teve uma experiência direta de como seu dever para com os outros podia lhe dar coragem para fazer algo que ele considerava impossível. Ele se tornou um líder melhor e criou vínculos de confiança mais fortes com a equipe.

O catalisador definitivo

Eu nunca gostei muito de estudar ciências quando estava no colégio, mas me lembro como se fosse ontem de um experimento que fizemos numa aula de química do ensino médio. Vertemos um líquido transparente num béquer e adicionamos lentamente outro líquido ao recipiente, gota a gota, de olho em qualquer alteração. Nas primeiras gotas, o líquido do béquer continuou transparente. De repente, uma única gota adicional do segundo líquido imediatamente fez tudo ficar azul. As gotas, no volume certo, atuaram como um catalisador da transformação.

Essa dimensão da Liderança Inteligente tem um efeito catalisador parecido em cada uma das outras dimensões. Ao adicionar um pouco de ação corajosa a qualquer uma delas, a dimensão é energizada ou, em outras palavras, amplificada. A ação corajosa é o fator que une todos os outros e nos leva de uma visão grandiosa a uma ação transformadora.

Vejamos, por exemplo, a primeira dimensão, "pense diferente, pense grande". Como vimos, um dos possíveis problemas de pensar grande é parar por aí mesmo. Todo mundo tem pelo menos um colega que adora dar ideias, aquele sujeito que tem um milhão de ideias brilhantes e grandiosas, mas nenhuma delas resulta em uma mudança concreta. É preciso coragem para ter grandes ideias e agir para torná-las realidade. Ao cultivar essa dimensão da Liderança Inteligente, você desenvolve a capacidade de transformar até as ideias mais grandiosas em realidade. As suas ideias passam a se fundamentar na viabilidade da implementação e acabam tendo muito mais peso. Os líderes inteligentes sabem como pensar *e* agir grande.

Quanto à segunda dimensão, "decida ser vulnerável", a coragem é absolutamente crucial. Ao contrário do que os John Waynes do mundo podem sugerir, ser vulnerável é uma das coisas mais corajosas que um líder pode fazer. A vulnerabilidade não é o tipo de coisa que você pode simplesmente esperar chegar de braços cruzados. Você precisa agir, apesar dos seus medos e do desconforto que possa sentir. Também nesse caso, a ação é um importante catalisador da vulnerabilidade.

No box intitulado "A coragem como um dever", apresentado anteriormente, expliquei como a mentalidade de dever pode ajudá-lo a reunir coragem para agir em situações difíceis. Não esqueça de que essa mentalidade se baseia em reconhecer que muitas pessoas estão contando com você. Quando age nesse contexto, os efeitos propagam-se e vão muito além de você.

Por fim, e talvez o mais importante, a ação é fundamental para a dimensão "alavanque seus talentos e elimine suas lacunas". É bem verdade que o autoconhecimento é importante e você pode se beneficiar muito só de conhecer seus pontos fortes e fracos, mas os maiores benefícios dessa dimensão resultam de efetivamente mudar seu comportamento com base nesse conhecimento. Uma das razões de essa dimensão ser tão importante é que muitos de nós temos pontos fortes que não usamos muito. E, quando nos vemos diante das nossas lacunas, muitas vezes não temos coragem de entrar em ação e lidar com elas, de fazer o trabalho necessário para melhorar as áreas que estão impedindo o nosso avanço. A ação é o ingrediente secreto que faz o prato ser tão bom.

Não se limite a agir; aja com inteligência

Quando vista da perspectiva correta, essa dimensão da Liderança Inteligente só tem vantagens. Só que, quando tentamos agir com orgulho, paixão e precisão, algumas armadilhas precisam ser evitadas. O maior perigo é a tendência de nos focar na ação e perder o contexto de vista. Se você é do tipo de pessoa que se incomoda com a necessidade de desacelerar ou avançar com cautela, precisa tomar muito cuidado com esse perigo em particular.

Percebi que eu mesmo tenho esse problema às vezes, em períodos de muito trabalho. Eu me levanto de manhã, abro meu e-mail e começo a responder. Tenho tanto trabalho a fazer que parece que sou mais produtivo quando estou em ação. Só que essa postura muitas vezes me leva a usar mal o meu tempo, a ficar exausto ou a perder de vista minhas prioridades. Eu acabo agindo às cegas, o que costuma ser problemático.

Essa mesma tendência pode se revelar em áreas muito mais importantes da vida do que uma montanha de e-mails. Diante de um problema grande e complexo, pessoal ou profissional, você pode ficar tentado a apenas reagir. E a reação normalmente não envolve muita ponderação. Não muito tempo atrás, um cliente me disse que, diante de uma situação como essa, em vez de simplesmente reagir, ele estava tentando ser "estratégico". Ele se forçava a parar e ponderar a situação de vários pontos de vista diferentes antes de partir para a execução.

Essa é uma qualidade essencial na liderança. Como líder, você precisa ser capaz de saber quando deve agir imediatamente e quando deve ser mais estratégico. Você pode inspirar sua equipe a agir ou refrear a ação para vocês poderem pensar melhor antes. Os melhores líderes evitam a afobação.

Assim, ao cultivar a coragem de agir, não deixe de manter em vista uma perspectiva ampla de si mesmo e do que está fazendo. Não confunda o pensamento estratégico com o tipo de "ruminação" que tende a impedir a ação corajosa. Não estou sugerindo que você evite a ação, mas é importante não deixar de dedicar um tempo para saber por que você faz as coisas que faz e como elas se encaixam nas estratégias e nas visões que o orientam no seu dia a dia. Qualquer ação corajosa também precisa ser uma ação inteligente.

Torne-se uma pessoa corajosa

Você pode achar que algumas pessoas nascem corajosas e que você não é uma delas. Só que, pela minha experiência, essa dimensão da Liderança Inteligente requer muita prática e empenho. Não é nada fácil agir diante de obstáculos e resistências, tanto internos quanto externos. E, verdade seja dita, a maioria de nós não nasceu com a capacidade de agir com destemor e coragem. Tendemos a evitar as dificuldades e fazemos de tudo para não sair da nossa zona de conforto. Mas, se você quer atingir a excelência na liderança, não tem como deixar de exercitar sua coragem. Você precisa criar o hábito de receber os obstáculos de braços abertos em vez de fugir deles.

Veja a seguir uma lista de comportamentos iniciadores que pode adotar para desenvolver, ou reforçar, a sua capacidade de agir com coragem. Esses comportamentos não são uma "receita de bolo", e sim uma base para a ação corajosa. Eles são ao mesmo tempo exercícios e qualidades.

(Re)conecte-se com seu propósito central

No Capítulo 2, definimos o curso da nossa jornada de Liderança Inteligente criando uma declaração de propósito central. A sua declaração de propósito central é a visão mais grandiosa que você pode imaginar para a sua vida pessoal e profissional. Ela se baseia em algumas questões profundas, como "Por que estou aqui?" e "Qual é a minha missão na vida?". Já este capítulo se concentrou na ação e em encontrar a coragem necessária para agir com orgulho, paixão e precisão. Pela minha experiência, a fonte mais profunda de coragem é uma visão robusta e ponderada de si mesmo, uma visão grande o suficiente para evitar que você se afogue nos mares agitados da vida.

Quando os executivos com quem trabalho se convencem da necessidade de fazer esse trabalho mais profundo *primeiro*, eles não só acabam mais proativos como agem com um orgulho, uma paixão e uma precisão incríveis. Ao explorar as profundezas da sua alma – talvez pela primeira vez – e criar a visão da pessoa e do líder que precisa se tornar, você começa a ver que o foco da sua jornada deve ser os outros, não você. Começa a notar que sua busca por ser feliz e autocentrado não tem nada de egoísta, pois passa a ver que a sua felicidade depende da felicidade que você possibilita às pessoas. Essa motivação "orientada aos outros" leva a uma coragem enorme.

Assim, neste ponto do processo, sugiro que reserve um tempo para se reconectar com a sua declaração de propósito central. Se pulou esse exercício, não tem problema! Essa é uma boa desculpa para voltar e fazer o exercício. Ao entrar em contato com a visão grandiosa que fundamenta a sua declaração de propósito central, veja como se sente. Você se sente mais confiante para agir, por mais difíceis que possam ser as suas circunstâncias atuais? A resposta, para a maioria das pessoas, é um sonoro sim.

Avalie e orgulhe-se

Como vimos em detalhes neste capítulo, ter um orgulho saudável do seu trabalho é fundamental para a ação corajosa. Você pode imbuir qualquer atividade do desejo de ter orgulho de si mesmo e do seu trabalho. Ao analisar as suas ações passadas, o grau de orgulho que sente pelas realizações é uma medida do tipo de líder que você foi até agora.

Vou compartilhar com você um exercício que faço com muitos dos meus clientes. Pense nas ações mais importantes que você realizou na última semana, mês e ano. Podem ser ações da sua vida pessoal, como seguir um novo regime de exercícios ou uma nova dieta, ou atividades relacionadas ao trabalho, como encabeçar uma iniciativa. Faça uma lista de duas ou três ações para cada período (semana, mês e ano). Você se orgulha dessas ações? Acha que fez tudo o que poderia? Ou você fez de qualquer jeito só para acabar logo com aquilo? Avalie cada ação em uma escala de 1 a 10, sendo que 10 representa o maior grau de orgulho.

Depois de avaliar a lista, reflita sobre a pontuação. Você pode dizer que se orgulha do seu trabalho? Ou acha que tem espaço para crescer? Para as ações que receberam as notas mais altas, qual aspecto do seu trabalho lhe deu mais orgulho? Foi a qualidade? Foi a sua persistência apesar das dificuldades? Você se orgulha da maneira como as suas ações afetaram as pessoas? Agora, identifique as atividades que tiraram as notas mais baixas e analise por que não sente tanto orgulho do que fez. O que você pode fazer para melhorar no futuro?

Basta fazer esse exercício para poder ter mais orgulho do que faz, mesmo se não se orgulhar muito das suas ações do passado. Você pode usar essa mentalidade para orientar todas as suas ações no futuro.

Encontre e libere a sua paixão

Você se considera uma pessoa apaixonada? Por que ou por que não? Não estou falando de ser apaixonado por alguém, como seu parceiro ou seus filhos, nem por alguma coisa, como degustação de vinhos ou apreciação de poesia. Estou falando de se comprometer tanto com alguma coisa que você se perde nela. Ter paixão é dar o máximo de si não porque você *precisa*, mas porque *quer*. A paixão é o motor que impulsiona a ação corajosa.

Curiosamente, pelo que já vi até agora no meu trabalho como coach executivo bem como na minha vida pessoal, poucas pessoas se consideram apaixonadas. Isso acontece em parte porque não conhecemos muito bem o sentido mais amplo da palavra e em parte porque temos dificuldade de ver a paixão em nós mesmos. É por isso que é importante pedir a opinião da sua rede de apoio para ver até que ponto você é uma pessoa apaixonada e quais são as suas paixões. Você pode conversar com a sua família, colegas de trabalho ou amigos. Pergunte se eles o consideram uma pessoa "apaixonada". Peça detalhes, como as áreas da sua vida em que eles acham que você demonstra mais paixão. Peça para eles darem exemplos específicos.

Depois de coletar um bom número de respostas, analise-as. Você ficou surpreso com as respostas? As pessoas veem em você paixões que nunca tinha notado em si mesmo? Você tem paixões que ninguém mencionou? A maioria das pessoas aprende muito sobre si mesmas com esse exercício. Além disso, o exercício as coloca em contato com um senso mais profundo de paixão – não uma paixão por pessoas ou coisas específicas, mas uma paixão mais universal, que impulsiona todas as suas ações.

7

Esteja presente e atento

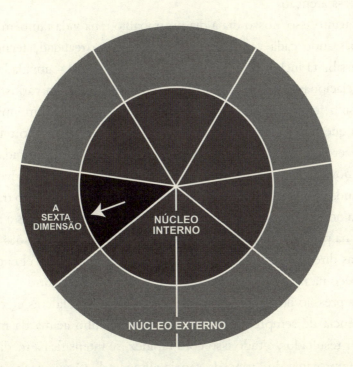

Não seria um exagero dizer que vivemos na Era das Distrações. Basta dar uma olhada em qualquer lugar público, como no metrô, em um café ou até na rua, e grandes são as chances de ver a maioria das pessoas "conectadas", usando fones de ouvido e com os olhos grudados no celular. Os smartphones e o acesso praticamente ilimitado à internet, além do advento de várias plataformas de mídias sociais, criaram um mundo no qual somos constantemente bombardeados com informações. Um estudo de 2018 conduzido pela Udemy Research revelou que três em cada quatro trabalhadores se dizem distraídos no trabalho e nada menos que 36% dos trabalhadores da gerações Y e Z passam pelo menos duas horas por dia no celular em atividades não relacionadas ao trabalho.* É comum sentir que estamos nos afogando em um fluxo contínuo de alertas de mensagens, atualizações do Instagram e ligações, sendo que tudo isso demanda a nossa atenção. Parece que todo mundo está competindo pela nossa atenção.

Enquanto isso, nosso dia a dia no trabalho e na vida também parece estar passando cada vez mais rápido. Essa nova realidade tecnológica nos possibilita incluir muito mais coisas no nosso dia – atividades, projetos, relacionamentos e até trabalhos. Podemos estar em vários lugares ao mesmo tempo, mesmo que virtualmente. Outro dia, um amigo me contou que foi esquiar no fim de semana e usou o tempo no teleférico para fazer ligações de trabalho. Graças a todas essas oportunidades de incluir novas atividades na nossa vida, nunca fomos tão produtivos. Mas a demanda pelo nosso tempo também nunca foi tão grande. No trabalho, e até na nossa vida pessoal, somos cada vez mais pressionados a agir rápido e, na pressa, muitas vezes deixamos de tomar boas decisões e fazer as coisas direito. Além disso, hoje em dia é quase impossível encontrar um espaço na nossa agenda para relaxar a mente ou refletir.

Essa pressão do tempo é especialmente forte para líderes e gerentes. A exigência de sempre apresentar um desempenho acima da média e entregar resultados, e tudo isso com rapidez, se intensifica à medida que você se aproxima do "topo da cadeia alimentar". O que acaba acontecendo é que muitos líderes podem se sentir forçados a pegar atalhos e avançar mais rápido do que gostariam. Pessoas e organizações muitas vezes parecem agir movidas pelo pânico e acabam sendo incapazes de pensar estrategicamente, o que costuma demandar tempo.

---

* https://research.udemy.com/research_report/udemy-depth-2018-workplace-distraction-report/.

Nesse contexto de falta de tempo e sobrecarga de informações, os líderes capazes de ignorar as distrações e manter o foco são cada vez mais valorizados. Eu chamo essa capacidade de "esteja presente e atento". É a sexta e talvez a mais relevante dimensão da Liderança Inteligente. A presença lhe possibilita ficar sempre ciente da complexidade multidimensional das situações. Manter-se presente nas suas interações e relacionamentos com as pessoas gera confiança e melhora a comunicação. Quanto mais atento você puder ser, menos erros cometerá e mais eficaz e eficiente será.

Descobri que um fator que distingue os melhores líderes dos meramente competentes é um empenho disciplinado em manter-se presentes mesmo diante de uma intensa pressão externa. No entanto, a presença pode ser o aspecto da Liderança Inteligente mais difícil de colocar em prática, especialmente nos dias de hoje. Você vai precisar de muita coragem. Vai precisar de um enorme comprometimento. E, acima de tudo, para ser capaz de superar as distrações e ser um líder verdadeiramente presente, vai precisar de uma profunda dedicação a melhorar a vida das pessoas. Veremos como fazer isso ao longo deste capítulo.

Vá devagar para ir rápido

Um dos aspectos mais importantes de estar presente e atento é reservar um tempo para desacelerar e absorver cada situação, decisão ou momento, para assim poder tomar decisões melhores. Uma amiga minha, que serviu como oficial da Marinha, tem o seguinte lema: "Devagar é fácil e fácil é rápido". A frase, que ela pegou de empréstimo dos Navy SEALs, a "tropa de elite" da Marinha dos Estados Unidos, se baseia na expressão em latim *festina lente*, que pode ser traduzida como "apressa-te devagar". Ela acha que é importante "apressar-se devagar" porque, quando vamos devagar, não cometemos erros. E, quando não cometemos erros, acabamos indo mais rápido. Por outro lado, quando estamos com pressa, acabamos tomando decisões com base em informações incompletas e ficamos muito mais sujeitos a erros. E o tempo que levamos para corrigir os erros acaba sendo muito maior do que aquele que poupamos ao avançar rápido demais.

"Ir devagar para ir rápido" pode parecer, para muitos de nós, uma mera questão de bom senso. Afinal, já na infância, aprendemos com a clássica fábula "A lebre e a tartaruga" que às vezes é melhor ir mais devagar para "vencer a corrida". Mas todo mundo sabe que pode ser muito difícil colocar essa lição em prática, especialmente quando estamos sob pressão. Na verdade, somos neurologicamente programados para ir rápido.

Em seu best-seller de 2011, *Rápido e devagar,* Daniel Kahneman, psicólogo comportamental e economista ganhador do Prêmio Nobel, apresenta um argumento ponderado e com base em sólidas pesquisas para explicar a importância de "pensar devagar" no mundo de hoje. Ele identifica dois "sistemas" diferentes de pensamento que empregamos em qualquer situação. O Sistema 1 é o pensamento intuitivo, baseado nas nossas primeiras impressões. O Sistema 2 é o pensamento analítico, baseado na reflexão cuidadosa e na resolução de problemas. Para pensar melhor, precisamos priorizar nosso pensamento analítico do Sistema 2 em detrimento do nosso pensamento intuitivo do Sistema 1.

A tarefa pode ser dificílima, especialmente no mundo hiperacelerado de hoje. Quando vamos rápido, nossa tendência natural é seguir nossos instintos (o pensamento do Sistema 1). Combine isso com o que Kahneman explica sobre o nosso cérebro: somos programados para encontrar padrões e criar histórias a partir das informações que temos, o que nos ajuda a dar sentido à realidade. O problema é que essa capacidade de encontrar padrões pode sair pela culatra, especialmente quando vamos rápido demais, porque acontece muito de encontrarmos relações e criarmos narrativas imprecisas e baseadas em informações incompletas. Assim, para não cometermos o erro de seguir nosso instinto ou agir com base em informações incompletas, precisamos desacelerar e aplicar deliberadamente o tipo certo de pensamento.

É neste ponto que entra a necessidade de nos mantermos presentes. Quando conseguimos manter nossa atenção focada e no momento presente, podemos começar a entender a dinâmica da nossa mente e somos menos suscetíveis a tirar conclusões precipitadas. Podemos tirar o tempo necessário para usar o Sistema 2 de pensamento e aplicar a reflexão e a análise ponderadas para decidir e agir com base em informações mais precisas. Com isso, somos menos propensos a cometer erros e a fazer suposições incorretas.

Percebi que meus clientes acham muito difícil entender essa parte da Liderança Inteligente, pelo menos no começo. Conforme exploramos nossos valores e padrões de pensamento, eles não param de me perguntar: "Essa análise toda é muito interessante, mas quando é que vamos entrar em *ação*?". Minha resposta é sempre a mesma: não podemos fazer uma prescrição sem o diagnóstico correto. Precisamos tirar o tempo necessário para analisar a situação antes de entrar em ação. Se não fizermos isso, podemos deixar de ver alguns detalhes cruciais.

Os melhores líderes tiram um tempo para ponderar e incentivam as pessoas a fazer o mesmo, apesar da urgência. Eles compreendem que fazer direito é sempre mais importante do que fazer rápido, mesmo se for preciso adiar um prazo ou deixar de atingir uma meta. Os melhores líderes entendem o paradoxo de se mover – e pensar – devagar para ir rápido.

Abra espaço para o novo

Uma história poderosa sobre reservar um tempo para estar presente vem do fundador da Microsoft, Bill Gates. No decorrer de décadas liderando uma das maiores empresas de tecnologia do mundo e atualmente no comando da Bill and Melinda Gates Foundation, Bill Gates sempre fez questão de tirar duas semanas por ano para se desligar totalmente do trabalho, da família e do mundo para pensar no futuro. Nessas "semanas de reflexão", Gates se isola numa casa de campo, que ninguém sabe onde fica, sem qualquer acesso a internet, telefone, TV e noticiários. Ele fica sem contato com a família, amigos ou colegas de trabalho. As únicas coisas que leva consigo são livros e propostas de inovações. Gates faz

> isso para aprender sobre os mais recentes desenvolvimentos de sua área e de outras áreas relevantes e para pensar sobre o futuro.
>
> Para você ter uma ideia da eficácia dessas semanas de isolamento, Gates teve a ideia do 2 em 1 da Microsoft durante um desses períodos de reclusão, e há rumores de que seu retiro de 1995 o levou a escrever seu famoso memorando "O maremoto da internet". Ao abrir um espaço para permitir o surgimento de novas ideias, ele vislumbrou a maneira como a internet transformaria todo o setor da tecnologia e como a Microsoft precisava mudar para não ficar obsoleta.
>
> Estamos falando de um dos homens mais ocupados do mundo tirando um tempo – nada menos que duas semanas inteiras por ano – para refletir sobre o presente e o futuro de sua indústria. E ele não é o único. Conheço muitos exemplos de alguns dos melhores líderes do mundo, que carregam mais responsabilidade sobre os ombros do que a maioria dos seres humanos, que de alguma forma sempre parecem conseguir cavar um tempo para sair da rotina e abrir um espaço para expandir suas ideias.

Conscientize-se das consequências de suas ações

Muitos de nós aprendemos a sobreviver na era da sobrecarga de informações abaixando a cabeça, ignorando o ruído e botando a mão na massa. Bloqueamos o caos do mundo para nos manter focados e produtivos, o equivalente a fechar a porta e pendurar um aviso de "não perturbe". Esse foco quase maníaco pode até ajudar por um tempo, mas essa atitude nos isola do complexo mundo de relacionamentos e interações ao nosso redor. Podemos até estar focados, mas ficamos imersos na nossa própria cabeça, alheios às consequências das nossas ações. É bem verdade que podemos nos sentir muito eficientes e focados quando adotamos essa postura, mas é muito comum acabarmos, sem saber, afetando negativamente as pessoas ao nosso redor.

Esse tipo de visão de túnel é simplesmente inaceitável se você quer ser um líder. No Capítulo 4, vimos que os líderes devem ser orientados pela mentalidade de dever ou, em outras palavras, pela consciência do todo do qual fazem parte. Você não pode se dar ao luxo de não se conscientizar da sua interconexão com o mundo. Isso também se aplica à dimensão da Liderança Inteligente de estar presente e atento: você fica muito ciente da sua "pegada comportamental", ou seja, das consequências das suas ações. Você quer ficar atento, em parte, para saber como está afetando as pessoas. Quando nos conscientizamos das consequências das nossas ações, temos muito mais chances de gerar consequências positivas. As nossas ações podem empolgar as pessoas, melhorar a eficiência no trabalho ou resolver problemas. Se ignorarmos os impactos delas, corremos o risco de dificultar ainda mais as situações.

Os melhores líderes sabem que suas ações, grandes ou pequenas, afetam as pessoas. Nunca vou me esquecer do que um de meus clientes, Henry, me disse a respeito disso. Henry era o diretor financeiro de uma empresa de energia americana. Ele era um executivo da velha guarda, o tipo de homem que nunca saía de casa sem estar barbeado e bem vestido. Ele me disse: "John, eu acredito que é possível renovar as primeiras impressões todos os dias. Todo dia de manhã, a caminho do trabalho, penso nas pessoas da minha equipe e em como eu posso melhorar o dia delas. Esse hábito me ajuda a entrar no escritório com energia, mesmo se o resto da minha vida estiver um desastre. Eu tenho esse poder de dar o exemplo e mostrar à minha equipe que teremos um bom dia".

Henry realmente compreendia seu poder de afetar as pessoas e inventou uma maneira de manter isso sempre em mente. Ele sabia que até os gestos mais simples, como entrar no escritório sorrindo todo dia de manhã, faziam a diferença para ele e para as pessoas, mesmo se elas não soubessem disso. Esse é o poder de estar presente. Você consegue enxergar até as menores ondas que se propagam de tudo o que faz e de quem é. Você nem sempre vai conseguir afetar positivamente as pessoas, mas, se fizer um esforço para manter-se consciente da sua "pegada comportamental", com certeza vai aumentar as suas chances de fazer mais bem do que mal.

Esteja presente ao interagir com as pessoas

Arranjar tempo para as pessoas da nossa vida, como amigos, família ou colegas, não é tarefa fácil, especialmente para líderes com grandes responsabilidades no trabalho. A sensação é que estamos correndo sem sair do lugar, mal conseguindo dar conta de todas as nossas tarefas diárias, semanais e mensais. Diante da enorme demanda pelo nosso tempo e atenção, muitas vezes deixamos de priorizar nossos relacionamentos. Pensamos: "Quando eu terminar de fazer X, vou ter tempo para você". Mas, antes de terminarmos X, já precisamos fazer Y.

Se você quiser ser um líder forte, é absolutamente imprescindível reservar um tempo para as pessoas, mesmo se você for alguém ocupadíssimo. Para isso, precisa se esforçar para manter o contato com as pessoas mais importantes da sua vida – amigos, família, funcionários e colegas – e aprofundar seus relacionamentos com elas. Só assim elas vão saber que você as valoriza. Essa atitude também ajuda a cultivar a confiança. Acredito que os líderes precisam se empenhar ainda mais do que os outros para construir relacionamentos. Como líder, você deve assumir a responsabilidade por cultivar as interconexões entre as pessoas nos vários círculos dos quais faz parte.

Isso me lembra de uma história que um cliente me contou sobre um trabalho que ele e sua equipe estavam fazendo. Eles estavam tendo dificuldades para avançar em um grande projeto. Mesmo fazendo horas extras e se esforçando, parecia que eles nunca se aproximavam do objetivo, e a data de entrega estava chegando. Ele decidiu radicalizar. Numa quarta-feira à tarde, fechou o escritório e levou todo mundo para beber. Sua equipe teve a chance de descontrair e conversar sobre outras coisas além do trabalho. Ele demonstrou que valorizava todos os membros de sua equipe como seres humanos, que não os enxergava como robôs. Mesmo sem ter muito tempo para fazer uma pausa no trabalho, o gesto acabou sendo uma injeção de moral que aumentou enormemente a produtividade de todos. Eles conseguiram terminar o projeto em dois dias e saíram para comemorar com outra rodada de bebidas.

Ao passar um tempo com as pessoas, a qualidade é tão importante quanto a quantidade. É fundamental estar totalmente presente, o que, na era dos smartphones, está ficando cada vez mais raro. Hoje em dia é comum amigos saírem para jantar e ficar com o celular na mesa, prestando tanta atenção às mensagens que chegam quanto ao que o outro está dizendo. Já perdi as contas das reuniões com altos executivos nas quais vi todos os participantes imersos em seu pequeno universo pessoal, conectados ao celular ou ao computador, sem realmente prestar atenção ao que está sendo dito. Eles simplesmente não estão "presentes", e as reuniões acabam sendo improdutivas. As pessoas não ouvem o que as outras têm a dizer e muito pouco é decidido nas reuniões. A situação pode parecer bizarra, especialmente para quem viveu na era pré-smartphone, mas hoje em dia muita gente acha difícil manter-se totalmente presente nas interações com as pessoas. Como líder, cabe a você mostrar, pelo exemplo, como sua equipe ou organização deve se comportar em todos os tipos de interação, desde conversas casuais até reuniões formais. Desse modo, é imprescindível que você seja capaz de manter-se totalmente presente nas interações com as pessoas, e essa capacidade, como qualquer outra, requer prática.

É preciso ter coragem para estar presente

Outra maneira de exercitar sua capacidade de "estar presente" é a prática do *mindfulness*, ou "atenção plena", um conceito tomado de empréstimo do budismo e que se popularizou no mundo ocidental na última década. Basicamente, o *mindfulness* implica se conscientizar ao máximo da realidade, tanto por dentro quanto por fora.

Recentemente, fui convidado para dar uma palestra em uma empresa em Mianmar, um país predominantemente budista. A plateia incluía alguns monges budistas, com suas vestes marrons e cabeça raspada. Depois da minha apresentação, alguns monges me disseram que gostaram muito da minha abordagem para o desenvolvimento da liderança e que ela tinha muito a ver com a visão de mundo deles. Eles disseram ter gostado sobretudo da minha ênfase no cultivo da presença – prática essencial no budismo. Um deles me disse algo que eu nunca esquecerei: "É preciso ter muita coragem para estar presente", e continuou sem o menor sinal de ironia: "Às vezes, a coisa mais difícil de fazer é simplesmente não fazer nada".

Fiquei surpreso. Aqueles monges, tão tranquilos por fora, são pessoas de uma coragem incrível, que dedicam a vida a estar completamente presentes e despertos em um mundo que parece exigir outro tipo de comportamento o tempo todo. Até em um país como Mianmar, onde os monges budistas representam uma boa parte da população, cada vez menos pessoas escolhem essa vocação, que também acaba sendo dificultada pela cultura em geral. O mundo de hoje gira em torno de ações e resultados. A última coisa que achamos que devemos fazer é reservar um tempo para ficarmos simplesmente presentes, enquanto o mundo todo parece gritar em protesto. Não importa se já pratica horas de *mindfulness* como os monges ou se só está tentando desacelerar e ser um líder mais presente no trabalho, você vai ter de nadar contra uma forte corrente. Diante das incontáveis demandas pela nossa atenção e uma pressão cada vez maior para entregar resultados rapidamente, é preciso muita coragem para resistir às pressões de agir rápido demais ou sucumbir às distrações.

Como já vimos, a coragem requer agir apesar da resistência. Requer tomar decisões impopulares ou fora da caixa sabendo que algumas pessoas não vão gostar. Pense na coragem que Bill Gates, um homem cuja lista de tarefas poderia encher uma biblioteca inteira, precisa ter para passar duas semanas por ano longe de tudo e dedicar esse tempo à reflexão. Aquele meu amigo que se arriscou e decidiu levar sua equipe para beber no meio da semana demonstrou uma enorme coragem. Pense na coragem necessária para tirar um tempo todos os dias, ignorando todas as urgências, para se conectar com as pessoas mais importantes da sua vida. Os melhores líderes fazem o necessário para estar presentes. Eles sabem que isso faz parte do trabalho.

Pense, mas não pense demais

Falamos em detalhes neste capítulo sobre a importância de estar presente, seja pensando bem antes de agir ou reservando um tempo para se conectar com as pessoas mais importantes da sua vida pessoal e profissional. No entanto, como em todas as dimensões da Liderança Inteligente, você precisa tomar cuidado para não exagerar. Quando se trata de estar presente e atento, o maior perigo é a tendência de pensar *demais* na situação e passar muito tempo no "momento presente", sem avançar para o futuro.

Não é possível estar consciente demais ou presente demais, mas podemos errar a mão e cair nas garras da inércia. Em qualquer situação, sempre haverá um ponto em que você fez as análises de risco necessárias e desacelerou o suficiente para se conscientizar das complexidades da situação. Chega uma hora que você só precisa decidir. Cuidado para não se perder na prática da conscientização e deixar de equilibrá-la com as outras dimensões da Liderança Inteligente, para não correr o risco de ser uma pessoa muito consciente mas que nunca realiza nada.

O mesmo pode ser dito sobre reservar um tempo para estar presente para os outros. Você precisa encontrar o equilíbrio certo entre os relacionamentos com as pessoas e as demandas da sua própria vida. Trabalhei com líderes que passam tanto tempo ocupados com as pessoas que acabam não tendo tempo ou espaço para cuidar de si mesmos. Você precisa colocar a sua máscara de oxigênio primeiro antes de querer ajudar os outros. O segredo dessa dimensão, e de todas as outras, é encontrar o equilíbrio certo.

A matriz da Liderança Inteligente

A esta altura da nossa jornada, você já deve ter notado que as muitas dimensões da Liderança Inteligente são perfeitamente interconectadas. Tanto que, à medida que nos aprofundamos, vai ficando mais difícil introduzir qualquer nova dimensão sem fazer referências constantes às outras. A beleza da Liderança Inteligente é que cada dimensão inclui alusões a todas as outras.

Vejamos, por exemplo, a relação entre essa dimensão de Liderança Inteligente e ter a coragem de agir com orgulho, paixão e precisão. Estar presente requer agir com coragem, mesmo se a "ação" for parar de agir. Da mesma forma, na tentativa de agir com orgulho, paixão e precisão, você naturalmente estará mais presente em tudo o que fizer.

Também falamos sobre o importante papel que a mentalidade de dever desempenha na nossa capacidade de estar presente. Na verdade, quanto mais presentes formos, mais conectados estaremos com os todos dos quais fazemos parte.

Vejamos outro exemplo: um importante pré-requisito da dimensão "alavanque seus talentos e elimine suas lacunas" é reservar um tempo e abrir um espaço para refletir sobre si mesmo. Se você levar a sério essa dimensão da Liderança Inteligente, ficará naturalmente mais consciente da maneira como as suas ações afetam os outros.

As semanas de reflexão de Bill Gates são um excelente exemplo de como a presença se interconecta com a primeira dimensão da Liderança Inteligente: "pense diferente, pense grande". Se você nunca tirar um tempo para se afastar do fluxo constante de tarefas do dia a dia, jamais terá espaço na sua cabeça para pensar diferente. Algumas das maiores e mais inovadoras ideias de Gates resultaram simplesmente de abrir um espaço e permitir o surgimento de novas ideias.

Também temos a dimensão de decidir ser vulnerável. Em muitos aspectos, estar presente e ser vulnerável são dois lados da mesma moeda. Não é possível estar presente sem ser vulnerável. E ser vulnerável expande, de muitas maneiras, a sua conscientização sobre a maneira como você impacta todos ao seu redor.

Está dando para ver como todas as dimensões atuam juntas?

Pratique a presença

Uma das melhores expressões que já ouvi para descrever nosso estado de hiperdistração é "mente de macaco". Como um macaco pulando de uma árvore à outra na floresta, nossa mente pula de um pensamento ao outro, muitas vezes aleatoriamente, se distraindo com qualquer coisa diferente que entra no nosso campo de visão. Basta prestar atenção aos seus pensamentos quando você está distraído. Você pode começar a escrever um e-mail para um colega e, 20 minutos depois, se pegar vendo vídeos engraçados de cachorros no celular enquanto compra um par de sapatos na Amazon. Nos dias de hoje, parece que a "mente de macaco" é um estado permanente. Nunca foi tão difícil estar presente.

Por sorte, é possível treinar nossa mente de macaco. Hoje em dia, inúmeras práticas e ferramentas estão disponíveis para nos ajudar a manter o foco, permanecer presentes e nos tornar mais conscientes. Sugiro que encontre ferramentas que combinem com seu estilo. Veja abaixo alguns princípios e práticas que recomendo para ser mais consciente.

Menos é mais

Uma das maiores fontes de distração é tentar fazer coisas demais. Tendemos a achar que seremos mais produtivos se enchermos a agenda de tarefas. Para dar conta de todas as tarefas com as quais nos comprometemos, acabamos fazendo várias coisas ao mesmo tempo, quando seria melhor nos focar em uma tarefa de cada vez. Como seria de esperar, nossas tentativas de fazer mais acabam resultando num trabalho medíocre, que sem dúvida poderia ser melhor. E essa tendência de tentar fazer coisas demais nos mantém em um eterno ciclo de distração, que nos impede de estar presentes no nosso trabalho e nos nossos relacionamentos.

Descobri que um dos segredos da verdadeira presença é o que chamo de "busca disciplinada por fazer menos". Considerando que ninguém tem tempo e atenção infinitos, é importante aprender a distinguir com clareza o que merece a nossa atenção e o que devemos parar de fazer. Pode não ser fácil fazer isso, porque, à primeira vista, *tudo* parece importante. Mas, se você definir com clareza as suas prioridades, identificar o que realmente tem mais importância na sua vida e, com base nisso, eliminar qualquer coisa que não ajude diretamente a atingir os seus maiores objetivos, você será capaz de usar o seu tempo com muito mais eficiência.

Como líder, você deve fazer isso não apenas para si mesmo, mas também deve definir as prioridades dos grupos que lidera e assegurar que elas sejam cumpridas. Cabe a você ficar de olho nos objetivos, manter o navio no rumo certo e garantir que todos estejam focados nas poucas coisas que terão o maior impacto. Se conseguir manter esse foco, para você e sua equipe, será capaz de alcançar muito mais do que tentando fazer coisas demais.

Tire um tempo só para respirar

Por milênios, as pessoas têm usado a simples arte de respirar para ajudar a manter o foco. Monges, meditadores, praticantes de ioga e qualquer pessoa que queira um pequeno alívio da enxurrada mental que parece dominar a maior parte da nossa vida, todos se voltam a técnicas simples de respiração para se centrar e ficar mais presentes.

Recomendo tirar um tempo todos os dias só para ouvir sua respiração. Essa técnica ajuda a se preparar para o dia e a se acalmar quando se sentir sobrecarregado. Ao ouvir sua respiração, você se concentra em um único comportamento, o que lhe permite ignorar por um tempo o que está acontecendo no mundo e desacelerar as coisas para não ter de correr tanto. Você pode evitar pensamentos e emoções negativas que tendem a surgir quando estamos estressados.

Ao desenvolver a sua capacidade de manter o foco na respiração, você começa a descobrir que tem mais fôlego para fazer outras coisas. Em outras palavras, sua consciência vai se expandir. A sua mente de macaco vai continuar lá, mas, ao desenvolver a sua capacidade de se focar, você será capaz de ver a mente de macaco pelo que ela é e mantê-la sob controle.

O que passou passou

Uma das maiores dificuldades de estar presente é a nossa tendência, natural de todo ser humano, de nos focar no passado. A maioria de nós tem pelo menos uma pequena tendência a ruminar eventos ou experiências, analisar erros e nos martirizar por coisas que não foram do jeito como queríamos. Se você prestar atenção a essa tendência sua, verá que é uma espécie de vício. A nossa mente é viciada no passado, uma obsessão que consome uma energia considerável e nos impede de tomar consciência do que está acontecendo neste exato momento do presente.

Quando me pego nesse ciclo de vício no passado, eu paro e tiro um momento para redirecionar meu foco ao que está acontecendo no momento presente. Eu me lembro de que, apesar de parecer um clichê, é impossível mudar o passado. Tudo o que você tem é o *agora* e o que você fará a *partir de agora* para criar o futuro que deseja. Redirecionar meu foco ao presente não me livra totalmente do meu vício no passado, mas me dá uma chance de manter esses pensamentos a distância, deixando mais energia para o momento presente.

Pare e ouça

Como vimos neste capítulo, para estarmos presentes também é importante sermos mais acessíveis nos nossos relacionamentos. Avra Lyraki, uma colega da área de coaching, usa uma prática simples com seus clientes que eu também comecei a usar com os meus. Ela descobriu que a maioria de seus clientes, sendo que muitos são gestores, passam pouco tempo simplesmente ouvindo seus subordinados. Nesses casos, ela os encoraja a reservar um horário toda semana para a "escuta ativa". Você pode fazer isso de várias maneiras, mas, no mínimo, precisa passar um tempo toda semana vendo se está tudo bem com cada membro da sua equipe, do jeito que você achar melhor. Nessas sessões, evite falar muito e dê a palavra à pessoa, prestando muita atenção ao que ela tem a dizer, seja de natureza pessoal ou profissional.

Essa prática simples de escuta reforça a confiança das pessoas em você. Elas sentem que você as valoriza. Sentem-se mais empoderadas sabendo que você dá valor a suas ideias e contribuições. Também é uma excelente maneira de manter-se a par das especificidades e detalhes de cada aspecto da sua empresa ou do seu projeto. Tirar um tempo para ouvir os membros da sua equipe lhe proporciona feedback e informações valiosas.

E, ainda mais importante, tirar um tempo para ouvir seu pessoal estabelece sua credibilidade como líder. Não é raro os líderes cometerem o erro de achar que seu tempo é mais importante do que o dos outros, o que pode gerar ressentimento. Se você mostrar que valoriza todas as pessoas da sua equipe, elas respeitarão mais a sua liderança.

8

Ajuste seu rumo

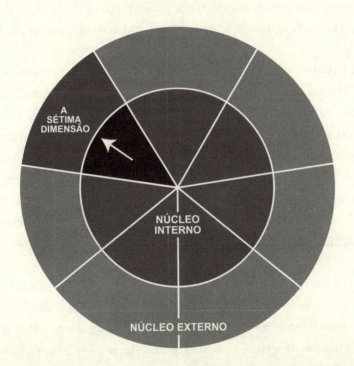

Nos dias de hoje, a palavra "ágil" se tornou moda nos círculos de negócios e de liderança. Não faltam artigos, podcasts e blogs ensinando como se tornar uma pessoa ou organização mais ágil. Não consigo me lembrar da última vez que "ser ágil" *não* foi mencionado como uma das principais metas dos executivos e empresas com as quais trabalho. Tanto que a agilidade é a qualidade que as pessoas mais pedem a minha ajuda para desenvolver.

Faz sentido que todo mundo queira ser mais ágil, considerando que a mudança é constante, tanto no trabalho quanto na vida. A vida está cada vez mais acelerada, e o mesmo pode ser dito do trabalho na maioria dos setores. As mudanças são tão rápidas que é cada vez mais difícil fazer projeções, mesmo que de curto prazo, e algumas pessoas estão começando a achar que o planejamento de negócios de longo prazo não passa de um exercício de futilidade. As pessoas e organizações que conseguem ter sucesso neste novo mundo são aquelas capazes de evoluir, inovar e ajustar o rumo. A agilidade é mais do que um conceito em voga. É uma necessidade.

Uma das entrevistas mais gratificantes que fiz para meu último livro, *Cultural Transformations*, foi com Cathy Benko, vice-presidente e diretora-executiva da Deloitte Consulting. Sob o comando de Cathy, a Deloitte passou do último ao primeiro lugar do setor, sendo que grande parte desse avanço resultou da disposição dela de inovar constantemente o modelo de negócio para a empresa se adaptar às mudanças do mercado. Cathy tem uma visão interessante sobre a agilidade, um termo que, segundo ela, é sinônimo de inovação. Na entrevista, ela contou uma história que demonstra a importância de inovar sempre:

> Outro dia, eu estava conversando com o editor-chefe da revista *Fast Company* sobre o artigo anual no qual eles indicam as 15 empresas mais inovadoras do mundo. Eu disse que, apesar de a lista ser uma tradição da revista, eu achava que era um desserviço aos leitores.
> Ele ficou intrigado e quis saber por quê. Fiz de cabeça uma lista das empresas que entraram no ranking da revista nos últimos dez anos e mostrei que muitas das inovações não tinham dado em nada. A Apple e o Google sempre entravam na lista. Mas também entraram no ranking muitas organizações que já foram consideradas inovadoras, mas que fecharam as portas em um ou dois anos.
> Sugeri que muitas empresas dos Estados Unidos são muito mais inovadoras do que as companhias "badaladas" que tendem a entrar na

lista. E disse que eu tinha como provar. Ele me perguntou como. Eu respondi: "Elas ainda não faliram".

Cathy Benko sabe que a mudança é uma constante e que, se você não estiver aberto a ela, está fadado ao fracasso. Hoje em dia, para sobreviver, um líder ou uma empresa precisa estar aberto a mudanças. A agilidade, que eu defino como a capacidade de mudar de rumo quando os resultados e o feedback recebido apontam para novas direções, é absolutamente necessária.

No entanto, apesar do grande apelo de conceitos como agilidade e inovação – sendo que poucas pessoas questionariam sua importância –, essas ideias são muito difíceis de colocar em prática, tanto individualmente quanto, sobretudo, em grupo. A questão com a mudança é que ela exige que você *mude*. Você precisa parar de fazer uma coisa e começar a fazer outra. Você precisa abandonar alguns hábitos e desenvolver novos. Quando as coisas não estão dando certo, você tem de mudar de rumo. E, como líder, precisa ajudar as pessoas a fazer o mesmo. Essa é a essência da última dimensão da Liderança Inteligente: ajustar o rumo.

Gosto de compartilhar com meus clientes uma frase famosa de Winston Churchill: "O sucesso é ir de fracasso em fracasso sem perder o entusiasmo". Mas eu não paro por aí. Em vez de simplesmente ir de fracasso em fracasso com otimismo, você também precisa *aprender* alguma coisa com cada fracasso. Se não aprender, você nunca vai mudar e nunca vai ter sucesso. Os melhores líderes são abertos a ajustar seu rumo e sabem como inspirar as pessoas a fazer o mesmo. Esse é o segredo para ser um líder verdadeiramente ágil.

Neste capítulo, vamos explorar a capacidade de corrigir o rumo como uma qualidade de liderança. Veremos como você pode começar a incorporar uma preferência à mudança – em vez de uma resistência – na sua própria vida e nos grupos dos quais faz parte.

A psicologia do ajuste

O maior obstáculo ao domínio da arte de ajustar o rumo é a nossa própria mente. Nosso cérebro foi programado para criar hábitos e normas, tanto para nós mesmos quanto para os nossos grupos, para facilitar a nossa vida. Imagine como seria a sua vida se tudo mudasse o tempo todo e você não tivesse quaisquer rotinas. Você nem conseguiria sair da cama sem a sua rotina matinal. E pense em como seria difícil chegar ao trabalho se tivesse que usar um caminho diferente todo dia. Padrões e hábitos ajudam a deixar nossa vida estável, e estabilidade é importante para ter uma vida eficaz e produtiva.

O problema é que essa estabilidade toda pode mais atrapalhar do que ajudar, e você precisa "desprogramar" o cérebro para criar novos hábitos. Como bem disse o grande escritor inglês do século 18, Samuel Johnson: "Os grilhões do hábito são fracos demais para ser sentidos até serem fortes demais para ser rompidos". Se você quiser dominar a arte do ajuste de rumo, deve encontrar uma maneira de enfraquecer "as correntes do hábito" em você, cultivando a postura de abraçar a mudança em vez de resistir a ela. Chamo essa postura de "psicologia do ajuste" e descobri que todos os melhores líderes possuem essa qualidade, pelo menos em alguma extensão. Sem ela, você não conseguirá corrigir seu rumo nos momentos em que a mudança for necessária.

A psicologia do ajuste tem quatro componentes, que exploraremos à medida que avançarmos neste capítulo. Esses elementos são ao mesmo tempo qualidades de uma mentalidade aberta à mudança e ações que você pode tomar para desenvolver essa postura. É imprescindível cultivar essas qualidades se quiser ser um líder ágil e capaz de fazer ajustes no seu direcionamento.

O desejo de melhorar sempre

LeBron James é considerado um dos melhores jogadores de basquete de todos os tempos. Quando ele se aposentar, terá conquistado quase tudo o que há para conquistar no esporte e estará entre os líderes de todos os tempos em um número impressionante de categorias estatísticas. Quando os historiadores analisarem sua carreira, eles provavelmente citarão uma série de atributos que contribuíram para seu sucesso: seu porte atlético, seu espírito competitivo, seu extraordinário entendimento do jogo. Mas uma qualidade que, na minha opinião, se destaca dentre todas as outras é seu desejo de melhoria constante.

No momento em que escrevo estas linhas, em 2019, James tinha passado 16 anos jogando na NBA (Associação Nacional de Basquete), a principal liga de basquete profissional dos Estados Unidos. Nesse período, o basquete passou por várias mudanças, e a maioria dos jogadores que começaram a jogar na época de James se aposentou ou caiu na irrelevância. Mas James evoluiu com o jogo. A cada ano que passa, ele inclui um novo elemento a seu jogo para se adaptar às mudanças da NBA. Por exemplo, nos últimos cinco anos, a liga passou por uma revolução no arremesso de longa distância e, para jogar na NBA, passou a ser praticamente imprescindível ser um bom arremessador de três pontos. No início de sua carreira, James não fazia isso bem. Mas, como costuma fazer, ele trabalhou com diligência para desenvolver essa qualidade e hoje é um dos líderes da liga em arremessos de três pontos.

Uma coisa que LeBron tem de sobra é a postura da psicologia do ajuste. Se você quer ser um líder ágil, capaz de ter sucesso no mundo caótico de mudanças constantes em que vivemos, precisa cultivar a paixão por melhorar sistematicamente. Não estou falando de só se adaptar quando não tiver outro jeito. Estou falando de uma *preferência* pela mudança. De uma paixão por aprender. De um desejo de crescer. De um enorme interesse pela inovação. Como líder, cabe a você buscar oportunidades de mudança para, como LeBron James, ser capaz de ficar sempre à frente dos acontecimentos.

Como é o caso de todas as qualidades que exploramos neste livro, tudo bem se você ainda não tiver uma inclinação natural para a mudança. É normal ter medo das mudanças ou se sentir intimidado por elas. É possível cultivar o desejo de mudar e, quando começar a sentir esse desejo crescendo naturalmente, terá à sua disposição uma importante ferramenta para se livrar dos velhos hábitos. Essa paixão, mesmo se ainda for incipiente, pode crescer para ajudá-lo quando precisar corrigir seu rumo.

Tire um tempo para avaliar seu desejo de se desenvolver. Pense nos momentos da sua vida em que foi motivado pela possibilidade de melhorar, de ser mais ou de mudar. Mesmo se você se considerar "avesso às mudanças", tenho certeza de que encontrará um lado seu que pensa o contrário. (Afinal, se não quisesse mudar, por que você estaria lendo este livro e chegou até aqui?) Todo mundo tem dentro si uma parte que procura mudar e vive em busca de oportunidades de inovar. Essa parte é como um pequeno broto de uma semente que acabou de germinar e cabe a você cultivá-lo para se tornar uma árvore forte. Quando acolhe esse lado seu e permite que ele cresça, você passa a ver o processo de mudança de um jeito completamente diferente. De repente, passa a ter a atitude certa para enfrentar qualquer mudança.

Vendo com clareza

Janet, diretora de uma divisão regional de uma grande empresa financeira, é uma das líderes mais ágeis com quem trabalhei. Ela é conhecida na empresa por ser uma excelente solucionadora de problemas. É a Janet que as pessoas recorrem quando as coisas não vão bem. Ela tem um talento especial para avaliar qualquer situação e trabalhar com vários grupos diferentes para chegar a soluções inovadoras que ajudam todo mundo a avançar.

No nosso trabalho juntos, perguntei por que ela achava que era tão boa na resolução de problemas. Janet pensou um pouco e respondeu: "Na verdade, é muito simples. Eu procuro saber exatamente o que está acontecendo antes de fazer qualquer coisa". Fiquei intrigado com a resposta dela e queria saber mais, e ela explicou: "A maioria das pessoas tem uma visão muito pouco precisa da situação. A percepção delas costuma ser distorcida por todo tipo de coisa, como interesses pessoais, preconceitos ou até preguiça. Se você conseguir se aprofundar e ver a situação com clareza, será muito mais fácil encontrar a solução".

A atitude de Janet reflete um aspecto importantíssimo da psicologia do ajuste. Ver a situação com clareza é absolutamente indispensável para saber exatamente como ajustar o seu rumo e o de sua equipe. Os melhores líderes, como Janet, não fazem concessões quanto a isso. Tem de ser tudo preto no branco e com todos os pingos nos is. Para ser um bom líder, você precisa ver a situação com a maior clareza possível para saber o que precisa ser arrumado e como esse ajuste pode ser feito.

Na verdade, muitas pessoas evitam ver as coisas com clareza. Elas preferem manter tudo vago e viver em um estado de negação sobre si mesmas e muitas situações. A questão da clareza é que, diante de uma visão clara da situação, você não tem como deixar de fazer ajustes no seu rumo. Você pode descobrir que tem um padrão de comportamento que está dificultando seus relacionamentos no trabalho. Por exemplo, o seu orgulho pode estar impedindo você de pedir ajuda em situações difíceis. Se não conseguir ver essa dinâmica – ou, pior ainda, evitar vê-la deliberadamente –, continuará agindo às cegas e prejudicando a si mesmo e às pessoas ao seu redor. Mas, se encarar a situação e fizer de tudo para vê-la com clareza, terá dado o primeiro passo para resolver os problemas. Você será motivado a fazer uma mudança para melhorar a situação.

Como no caso do desejo de melhorar, é importante ser proativo para ver as coisas com clareza. Como líder, cabe a você, e a mais ninguém, empenhar-se para sempre ter a visão mais clara possível da situação e incentivar sua equipe a ter essa clareza, já que, sem isso, é impossível se engajar com eficácia no processo de mudança.

O desejo de pivotar

É importante ver a situação com clareza, mas de nada vai adiantar se você não se dispuser a agir de acordo com o que vê. É aqui que a coisa fica séria. Se perceber que algo precisa mudar, precisa partir para a ação.

Um dos meus exemplos favoritos vem do mundo do futebol americano universitário. Na metade do jogo da final do campeonato nacional de 2018, o favorito Crimson Tide, time da Universidade do Alabama, liderado pelo famoso técnico Nick Saban, estava perdendo para os Bulldogs, da Universidade da Geórgia, por 13 a 0. O ataque do Alabama tinha sido totalmente neutralizado e a estrela do time, o quarterback Jalen Hurts, não estava conseguindo furar a defesa da Geórgia.

Diante disso, Saban tomou uma decisão radical no segundo tempo. Ele decidiu substituir Hurts, um dos melhores quarterbacks do país naquele ano, por outro jogador, Tua Tagliova, um calouro que tinha entrado em campo poucas vezes naquela temporada. Ele viu que os talentos de Hurts não estavam funcionando contra a Geórgia e que Tagliova tinha as habilidades certas para virar o jogo. E ele estava certo. Liderado por Tagliova, o Alabama deu uma das maiores viradas da história do futebol universitário e acabou vencendo o jogo na prorrogação. Saban teve a coragem de fazer o que só os melhores líderes fazem: mudar o rumo. Ele encarou e reconheceu a situação, e, com base nisso, fez as mudanças necessárias para resolvê-la.

Não é fácil admitir que estamos no caminho errado e fazer alguma coisa a respeito. É uma qualidade rara, porque é muito mais fácil simplesmente manter as coisas como estão. Você precisa se empenhar muito mais para mudar as coisas. E precisa enfrentar uma resistência enorme, tanto interna quanto das pessoas ao seu redor. Não é à toa que as coisas são do jeito que são, já que as pessoas naturalmente resistem a mudanças. Mas, se quiser ser um líder, ou seja, o tipo de pessoa que realmente faz uma diferença na vida dos outros, você precisa se dispor a encarar a situação e mudar o rumo das coisas.

Diz um ditado que a história sempre foi movida por atos de heroísmo. Pessoas como Martin Luther King Jr. ou Amelia Earhart recusaram-se a aceitar a situação de braços cruzados e fizeram algo diferente. Não estou dizendo que, para ser um bom líder, você precisa ser um herói como essas pessoas, mas precisa ter a coragem de pivotar quando for o caso. Você verá que vai ser cada vez mais fácil reunir a coragem de mudar. Você vai começar a ver os momentos de pivotagem pelo que eles são: momentos naturais de evolução da sua vida, ou da vida da sua organização, quando a mudança está pronta para acontecer, e você é quem precisa dar um passo à frente e fazer o que precisa ser feito para viabilizar a mudança.

Vivendo fora da sua zona de conforto
O último atributo da psicologia do ajuste é a disposição de viver fora da sua zona de conforto. Depois de ver a situação com clareza e decidir fazer alguma coisa com base nisso, você se encontrará em território desconhecido. Vai sentir isso na pele quando estiver tentando cultivar um novo hábito ou comportamento na sua empresa ou quando estiver tentando mudar algum aspecto da organização.

É tudo muito intenso quando você tenta fazer mudanças tão grandes! Você fica exposto. Não sabe ao certo o que fazer, já que tudo é tão novo e diferente. Como você está entrando em território desconhecido, não tem muita experiência e nenhum ponto de referência para mostrar o caminho. Essa é a sensação de viver fora da sua zona de conforto.

Mas, se quiser encabeçar a mudança e ser um líder ágil, capaz de facilitar o avanço da sua equipe ou organização, você precisa encontrar um jeito de ficar confortável fora da sua zona de conforto. Não estou dizendo que é possível ficar completamente à vontade nesse território novo e desconhecido. Isso é simplesmente impossível. Mas você pode começar a entender a dinâmica da mudança, para não ficar paralisado sempre que tiver de sair da sua zona de conforto. Você pode se adiantar ao desconforto para não acabar sendo forçado a recuar.

Muitas pessoas, quando saem de sua zona de conforto, se deixam dominar pelo medo e pela ansiedade. Ficam paralisadas e perdem completamente o rumo. Mas os melhores líderes encontram um jeito de resistir a essas emoções e seguir em frente mesmo assim. Cathy Benko, que mencionei anteriormente neste capítulo, é uma pessoa que domina a arte de viver fora de sua zona de conforto. Acredito que a atitude que lhe permite viver tão longe de sua zona de conforto é se ver como um "eterno trabalho em andamento". Ela não se prende à maneira como as coisas são (ou melhor, *estão*), porque está sempre esperando alguma mudança. Ela sabe que a situação vai mudar e gerar desconforto. O crescimento só ocorre dessa forma.

Juntando tudo

Juntos, os quatro componentes da psicologia do ajuste levam a uma postura de acolher a mudança, em vez de resistir a ela. Quando você tem esse desejo de melhorar sempre, é motivado a ver todas as situações com a maior clareza possível. E, quando vê com clareza, consegue saber o que está dando certo e o que precisa ser ajustado, alterado ou simplesmente abandonado. Se tiver coragem de agir de acordo com o que vê e mudar de rumo, acabará em uma nova realidade, fora da sua zona de conforto. Se conseguir lidar com os desafios de atuar em território desconhecido, desenvolverá uma tendência a buscar inovações e oportunidades. A partir desse ponto, é só seguir repetindo o processo.

Uma cultura de inovação

É difícil, mas não impossível, adotar, como indivíduo a postura da psicologia do ajuste. Mas é muito mais difícil cultivar essa mentalidade em toda uma equipe, empresa ou organização. A resistência coletiva à mudança pode ser muito mais danosa e difícil de superar do que a resistência individual. As tradições e convenções são mais fortes em grupos, e os hábitos costumam ser mais difíceis de romper. Por isso é tão importante que os líderes adotem a psicologia do ajuste.

Como líder, cabe a você dar o exemplo para a sua equipe, mostrando as vantagens de acolher a mudança em vez de resistir a ela. Uma vez que começa a exercitar essa atitude, você verá que as pessoas serão contagiadas pela sua preferência pela mudança. Seu desejo de aprender, sua abertura às mudanças, sua necessidade de ver a situação com clareza e sua preferência por oportunidades novas e desconhecidas começarão a criar uma "cultura de inovação" nos grupos que lidera.

No fundo, todo mundo quer que as coisas melhorem, mesmo quando estamos presos a velhos hábitos. Só precisamos de um empurrãozinho. Precisamos que alguém nos mostre um jeito diferente de fazer as coisas e que demonstre que vamos sobreviver às mudanças apesar do nosso medo inicial. É neste ponto que você, o líder, entra. A sua postura em relação à mudança tem o poder de inspirar as pessoas. É por isso que é tão importante dominar a arte do ajuste de rumo.

A não inteligência coletiva

Não muito tempo atrás, fui contratado para trabalhar para uma empresa que estava sofrendo as consequências de um desastrado processo de fusão. A empresa não estava se comunicando bem com as pessoas e a fusão tinha sido muito mal implementada. O que levou as pessoas de todos os níveis da organização a ficarem muito frustradas. Muitas se sentiram tão prejudicadas pelo processo que chegaram a perder a confiança na liderança da empresa.

A empresa queria que eu conversasse com algumas pessoas para descobrir como consertar os danos causados à cultura da organização. A primeira coisa que fiz foi entrevistar todos os envolvidos no planejamento da fusão. Fiquei chocado com o que descobri.

Na verdade, nenhuma das pessoas envolvidas no processo, das duas empresas, acreditava que a fusão seria uma boa ideia. Só que, achando que os outros apoiavam a iniciativa, ninguém se opôs. Em todas as entrevistas, recebi as mesmas respostas. Nenhum deles acreditava na fusão, mas, para não contrariar o que eles achavam que era a opinião do grupo, ninguém se manifestou. A percepção do grupo era tão forte que todos concordaram em tentar atingir um objetivo que ninguém queria.

Uma vez identificada essa ilusão coletiva, pudemos restaurar a confiança entre os principais líderes e, com base nisso, recuperar a cultura da empresa. Não era possível desfazer a fusão, mas, reestabelecida a confiança entre as pessoas, encontramos um novo caminho para a empresa.

Não corrija demais

Quando meus filhos eram pequenos, tive a chance de atuar como o treinador de vários times esportivos deles, de basquete e beisebol. Um dos trabalhos mais importantes do treinador é ajudar a "corrigir" os jogadores, seu condicionamento físico, suas decisões e seu conhecimento do jogo. Descobri que o segredo para ser um bom treinador é saber quando intervir e quando deixar que os jogadores descubram as coisas sozinhos. Corrigir demais pode destruir a autoconfiança deles e impedir seu progresso antes de eles terem a chance de se desenvolver.

Nessa dimensão da Liderança Inteligente, é importante manter um equilíbrio parecido. Na tentativa de manter-se aberto às mudanças, identificar as áreas que precisam ser melhoradas e fazer alguma coisa para ajustar o rumo, é importante não exagerar no ajuste. Trabalhei com centenas de clientes que tendem a se focar demais no ajuste do rumo e acabam ansiosos, sempre em busca de problemas para resolver e enlouquecendo a si mesmos e a todo mundo que está por perto. É muito comum as coisas parecerem "erradas" no começo, mas o problema pode acabar se resolvendo sozinho com o tempo ou um obstáculo pode acabar se revelando uma bênção no futuro. Por isso é importante não se afobar e esperar um pouco antes de partir para o ajuste.

A dimensão definitiva

Apesar de todas as dimensões da Liderança Inteligente atuarem juntas e alimentarem umas às outras, "ajuste seu rumo" pode ser a dimensão que tem a maior sobreposição com todas as outras. Para dominar a arte do ajuste de rumo, você precisará ter dominado todas as outras dimensões.

1. **Pense diferente, pense grande.** Se você quiser dominar a dimensão do ajuste de rumo, precisará desenvolver uma tendência natural a melhorar e mudar constantemente. Com isso, você ficará sempre de olho em oportunidades de fazer correções no rumo e aumentar ainda mais o seu impacto.

2. **Decida ser vulnerável.** A vulnerabilidade também é imprescindível se você quiser ser um exemplo da psicologia do ajuste. Você precisa se abrir ao feedback das pessoas e ser vulnerável para reconhecer seus erros e defeitos se quiser corrigi-los.
3. **Cultive a mentalidade de dever.** Quando você deixa de focar no próprio umbigo e adota a mentalidade de dever, consegue ver como as suas ações afetam o quadro geral. Essa visão mais ampla lhe permite identificar as áreas que precisam ser melhoradas e se manter no caminho certo. Em muitos aspectos, a mentalidade de dever aumenta sua capacidade de ver com clareza.
4. **Alavanque seus talentos e elimine suas lacunas.** Você também não conseguirá ajustar corretamente o rumo se não aprender a identificar os seus talentos e as suas lacunas e agir de acordo. Ao mesmo tempo que não é bom exagerar no ajuste de rumo, também não é bom ignorar seus pontos fortes e focar apenas nos seus pontos fracos.
5. **Tenha a coragem de agir com orgulho, paixão e precisão.** Como exploramos em detalhes neste capítulo, o ajuste de rumo requer uma grande coragem de agir. Identificar as oportunidades de mudança é só o primeiro passo do processo. Você só vai conseguir se beneficiar dessas oportunidades se fizer alguma coisa a respeito.
6. **Esteja presente e atento.** É impossível melhorar constantemente se você não conseguir estar presente e atento. Você precisa estar ciente da situação para decidir quando e como mudar de rumo (ou não).

Como corrigir o seu rumo

Ajustar seu rumo é ao mesmo tempo uma atitude e uma ação. Como uma ação, o ajuste de rumo é o que você faz no momento, quando precisa pivotar. Como uma atitude, é um estilo de vida: você se conscientiza de que você e o mundo estão em um estado de constante evolução, e esse conhecimento lhe permite manter o equilíbrio diante das inevitáveis mudanças.

Nos dois casos, ajustar o rumo exige prática. Mas fique tranquilo. Você tem como praticar o ajuste de rumo tanto como uma ação quanto como uma atitude. Até o líder mais teimoso pode aprender a ser ágil e flexível. E os líderes mais inovadores e abertos às mudanças podem, por definição, ser ainda mais abertos e capazes de corrigir o rumo.

Veja abaixo uma série de comportamentos iniciadores para ajudá-lo a cultivar a sua psicologia do ajuste. São ferramentas que você pode usar para pivotar em qualquer situação e princípios que o ajudarão a se tornar um líder mais ágil.

Redirecione o foco para o momento presente

Um dos segredos para fazer bons ajustes de rumo é a capacidade de ver com clareza a si mesmo e a qualquer situação, o que possibilita fazer uma avaliação precisa das etapas que podem ou não ser necessárias. Por isso recomendo que aplique a sexta dimensão da Liderança Inteligente, estando presente e vigilante, para poder permanecer totalmente ciente do que acontece ao seu redor. Ao começar a desenvolver a sua psicologia do ajuste, faça de tudo para estar o mais presente possível. Você pode usar as ferramentas apresentadas no capítulo anterior, como focar-se na respiração ou outras técnicas de *mindfulness*, ou pode inventar as suas. A ideia é conscientizar-se de que a sua capacidade de se adaptar às mudanças depende da sua habilidade de permanecer totalmente presente.

Faça o que é certo, não o que você acha que é certo

Os seres humanos são criaturas teimosas. E os líderes, que tendem a ser mais ousados e autoconfiantes, costumam ser os mais teimosos. A teimosia pode ajudar em situações nas quais é preciso manter o rumo diante de obstáculos e desafios. No entanto, a relutância em pivotar pode ser um problema em situações que requerem agilidade. Quando me vejo em uma situação difícil e percebo que alguma coisa precisa mudar, uso uma técnica que gosto de ensinar aos meus clientes. A prática é a seguinte: eu paro um pouco para questionar o meu julgamento. Eu evito me bater e me criticar demais. Eu só me pergunto: "Minha visão dessa situação se baseia no que *eu acho* que é certo ou no que é realmente certo?". Se precisar, eu também consulto meus colegas para esclarecer a situação. É um exercício simples, mas muito eficaz. Para se abrir à possibilidade de mudar, basta tirar um tempinho para refletir sobre o rumo que você escolheu.

Cerque-se de pessoas sinceras e corajosas

Como líder, você não pode deixar de cercar-se de pessoas dispostas a lhe dar um feedback sincero, mesmo se para isso elas tiverem de se contrapor às suas ideias ou decisões. Ao cercar-se de pessoas sinceras e corajosas, você terá acesso a uma inteligência coletiva que quase sempre é maior, mais detalhada e mais complexa do que a mente individual de qualquer pessoa, por mais brilhante que ela seja. Essa mente coletiva sempre dá uma imagem mais completa de qualquer situação, revela soluções novas e criativas e o posiciona para tomar a melhor decisão possível sobre o caminho adiante.

Se você quiser cultivar uma cultura de sinceridade e coragem na sua equipe, é importante escolher as pessoas certas. Mesmo se você não tiver poder de decisão sobre os integrantes do seu time, faça o que puder para escolher aqueles que tenham esse atributo de sinceridade destemida. Uma vez que todas as pessoas da sua equipe estiverem remando na mesma direção, cabe a você, líder, criar uma cultura na qual o feedback sincero não só é aceito, mas também é encorajado. Não deixe o seu orgulho intimidar sua equipe. A sua abertura a ouvir o que os outros têm a dizer sobre você definirá o tom para o resto do grupo e criará uma cultura de feedback sincero, críticas construtivas e inovação constante.

9

Você não é o centro do mundo: liderança e cultura são inseparáveis

Suas motivações para escolher ler um livro como este podem ser um tanto egoístas. Não estou usando o sentido mais negativo da palavra "egoísta". Quero dizer que você deve ter interesse em melhorar para ser um líder melhor e alcançar algum objetivo. Na minha opinião, essa é uma motivação nobre. É muito bom se dedicar ao desenvolvimento pessoal, em praticamente qualquer contexto. Quando você melhora, a sua vida melhora junto. Mas não é só isso. O seu desenvolvimento pessoal é inseparável do desenvolvimento de cada grupo ou projeto do qual você faz parte, seja uma família, uma equipe, uma empresa ou, se quiser realmente ampliar seus horizontes, a humanidade como um todo. Como discutimos na nossa análise da mentalidade de dever, todos nós pertencemos a uma ampla rede de grupos. Portanto, quando nos desenvolvemos, tudo o que tocamos também se desenvolve.

Para mim, esse é o Cavalo de Troia da Liderança Inteligente. Você pode começar motivado pela promessa de aumentar a sua capacidade de liderança para ganhar aquela promoção ou ter mais sucesso na vida. Mas os melhores líderes sabem que esse desenvolvimento não diz respeito só a *eles*. Eles aprendem – e, com o tempo, internalizam – que o mais importante é o efeito de seu desenvolvimento como líderes sobre as *culturas* das quais eles fazem parte. Os líderes definem e cultivam cultura, quer queiram ou não.

Afinal, o que é cultura? Não é simples responder a essa pergunta, mesmo porque a cultura, por sua própria natureza, é sutil e de difícil definição. Vou usar uma metáfora da anatomia.

Às vezes eu me exercito com uma personal trainer e ela sempre diz que é importante fazer o aquecimento certo antes de cada sessão de exercícios. Mais especificamente, ela enfatiza a importância de liberar o "tecido miofascial". Se você não estiver a par das últimas tendências do aquecimento para exercícios físicos, o tecido miofascial é uma camada de tecido fibroso finíssima e quase invisível que envolve todos os músculos e ossos do nosso corpo. Apesar de ser extremamente fino, esse tecido é muito forte. Ele literalmente impede nosso corpo de desmontar (ou, em outras palavras, mantém a coesão do corpo) e protege nossos músculos e ossos. É como uma rede. Se a rede for impedida de se movimentar livremente, os ossos e os músculos envolvidos por ela ficam presos, ou amarrados, o que impede seu bom funcionamento. Para seu corpo ter uma maior amplitude de movimentos, você precisa liberar o tecido miofascial. Isso é feito por meio do doloroso processo de massagear lentamente alguns pontos do nosso sistema musculoesquelético com um rolo de espuma firme. Pode doer, mas funciona. Hoje eu sou um grande defensor do importante papel do tecido miofascial para a saúde do corpo.

Eu vejo a "cultura" como sendo o tecido miofascial de qualquer estrutura organizacional, não importa se essa estrutura é pequena, como uma família ou uma equipe, ou enorme, como uma empresa multinacional ou até uma nação. Em geral, os membros do grupo não conseguem discernir a cultura, principalmente porque ela não é uma coisa só. É um conjunto de todas as crenças e valores compartilhados, as linhas de relacionamento entre as pessoas e as regras (tanto explícitas quanto tácitas) que definem o certo e o errado, o bom e o mau, o aceitável e o inaceitável. Como o tecido miofascial, a cultura mantém a coesão da organização e afeta praticamente todos os seus aspectos.

A cultura é algo que se *sente*, uma atitude ou um espaço sutil que permeia a atmosfera da sua casa, do seu trabalho, da sua cidade. E, curiosamente, quando as coisas vão bem, é mais difícil notar a cultura. Quando a cultura é boa, ela melhora todos os outros aspectos da sua organização ou grupo. Uma maneira de avaliar a cultura da sua organização é a leveza e a criatividade que imbuem a tudo e a todos. As pessoas ficam mais satisfeitas e os resultados da organização melhoram.

Mas o contrário também é verdade. Se alguma coisa não vai bem na sua cultura — como quando o tecido miofascial do seu corpo está rígido ou todo preso e precisando de um bom rolo —, pode parecer que a organização toda fica pesada e tensa. O moral despenca, disputas internas e lutas de poder são comuns, e as pessoas ficam mais focadas no que podem tirar da empresa do que no que podem dar, o que em geral leva a uma queda da produtividade e, em consequência, da lucratividade.

Um exemplo que me vem à mente e que ajuda a esclarecer este conceito é a cultura da cidade de Nova York depois dos ataques terroristas de 11 de setembro. Vários nova-iorquinos disseram que as tragédias daquele dia criaram um senso palpável de propósito compartilhado que uniu os cidadãos. As pessoas se abriram e baixaram a guarda. Um senso de solidariedade se desenvolveu entre desconhecidos. Aqueles eventos, pelo menos por um tempo, mudaram a cultura de uma cidade inteira e mobilizaram as pessoas a agir em prol do todo. A mudança repentina na cultura da cidade revelou algo que os nova-iorquinos nunca tinham reparado antes. É importante deixar claro que nenhuma cidade, nação, empresa ou família precisa passar por uma tragédia para começar a prestar atenção à sua cultura ou para criar uma mais positiva. Estou dando esse exemplo só para ajudá-lo a "enxergar" as culturas da sua vida.

Tudo começa no topo

Nem é preciso dizer que a cultura é importante para a saúde e a lucratividade de qualquer organização. É por isso que um número cada vez maior de empresas e ONGs estão prestando atenção a essa dimensão do trabalho e investindo em aprender sobre as dinâmicas sutis que determinam a vitalidade de sua cultura (ou a falta dela). Passei grande parte da minha carreira trabalhando com empresas para avaliar a saúde de sua cultura e desenvolver planos para melhorá-la. Aplicando uma série de testes (veja o box "Avaliando as 'Cinco Culturas da Cultura'", mais adiante neste capítulo), medimos a saúde cultural de uma organização. Em seguida, diagnosticamos os problemas e prescrevemos soluções práticas. Vez após vez, constatamos que o principal fator preditivo da saúde e da vitalidade de uma cultura organizacional é a liderança.

Na introdução deste livro, definimos um líder como um exemplo a ser seguido pelos outros. É por esse motivo que a liderança tem tanto poder de afetar a cultura. Se você estiver no topo ou perto do topo de qualquer grupo, seus comportamentos, sua perspectiva e suas ações terão mais impacto do que os de qualquer outra pessoa sobre a cultura da sua organização. Goste ou não, você *modela* o comportamento, as perspectivas e os valores compartilhados de todos. Os melhores líderes sabem que têm essa influência e sabem da importância de dar o exemplo para facilitar e inspirar uma cultura forte. Eddie Machaalani, um amigo e fundador e CEO da empresa de comércio eletrônico Bigcommerce, resume muito bem essa ideia:

> A cultura da sua empresa começa no topo. Ela começa com o CEO. Não dá para fingir que há uma cultura se o CEO não colocar em prática os valores centrais da organização.

Mas, afinal, como seria exatamente uma cultura forte e vibrante? Naturalmente, isso depende das circunstâncias. Por exemplo, uma cultura saudável será diferente em uma organização sem fins lucrativos e em uma startup de tecnologia do Vale do Silício. A atmosfera da cultura de uma empresa dinamarquesa provavelmente será bem diferente de uma empresa chilena. A cultura é, por sua própria natureza, difícil de definir e de decompor em elementos simples. Dito isso, vale a pena explorar alguns fatores presentes em toda cultura forte. Na realidade, descobri que todas as sete dimensões da Liderança Inteligente também são dimensões de uma cultura saudável.

Não estou sugerindo que essas sete dimensões são as únicas qualidades de uma cultura forte. Essa análise precisaria de outro livro (ou dois). Mas o que eu gostaria de discutir, agora que estamos chegando ao fim da nossa jornada juntos, é como cada dimensão da Liderança Inteligente se manifesta no nível da cultura. Se você, como líder, tiver essas dimensões, naturalmente inspirará as mesmas qualidades na cultura que lidera.

Vamos repassar cada dimensão com base nessa perspectiva, usando exemplos reais da maneira como os líderes afetam a cultura de suas empresas. Usei como ponto de partida histórias do meu último livro, *Cultural Transformations*, para o qual entrevistei 14 dos mais importantes CEOs do mundo para falar sobre a relação entre liderança e cultura.

Vamos começar com a primeira dimensão, "pense diferente, pense grande".

Avaliando as Cinco Culturas da Cultura

A cultura também tem muitas dimensões. Identifiquei o que chamo de "Cinco Culturas da Cultura" nas organizações e criei ferramentas para medir a saúde e a vitalidade de cada uma para obter uma visão 360 graus da força da cultura de qualquer organização. Cada uma dessas cinco culturas representa um caminho para explorar a profundidade infinita dos relacionamentos, valores compartilhados e princípios essenciais que definem o núcleo interno da sua organização:

1. **Cultura da capacidade:** o cultivo das habilidades e das capacidades das pessoas de uma organização. As pessoas estão desenvolvendo seu núcleo interno e externo?
2. **Cultura do comprometimento:** a paixão das pessoas pela visão, missão e marca da organização.
3. **Cultura do alinhamento:** a clareza e a união em torno da missão da organização. As pessoas estão alinhadas com essa visão?
4. **Cultura do desempenho individual:** o valor compartilhado de excelência e execução apresentado pelos membros da organização.
5. **Cultura do desempenho da equipe:** a colaboração das pessoas para atingir os objetivos. As pessoas trabalham juntas?

Se você quiser saber mais sobre como medimos as Cinco Culturas da Cultura em uma organização, acesse johnmattone.com/about/assessments/mlei/ (site em inglês).

Incentive a inovação

Talvez não exista exemplo melhor de como a liderança pode definir o tom para a cultura de uma empresa do que a maneira como Steve Jobs liderou a Apple durante sua gestão. Tanto que a atitude de Jobs de pensar diferente passou décadas orientando toda a cultura corporativa da Apple. Até hoje, entrar em uma Apple Store é mergulhar em um mundo de novidade, design de ponta e pensamento inovador. A postura de Jobs de sempre pensar grande criou raízes em todos os cantos da Apple, desde os produtos até a futurística sede corporativa em Mountain View, na Califórnia. É essa cultura de inovação que tem mantido a Apple na vanguarda do setor de tecnologia por décadas.

E como você pode criar uma cultura de pensar diferente e pensar grande?

De acordo com Hap Klopp, fundador da North Face, uma das medidas mais importantes é cultivar um ambiente onde a experimentação – e o fracasso – são incentivados. Klopp, que passou 20 anos no comando da inovadora empresa de equipamentos para atividades ao ar livre, cita a abertura ao fracasso como uma das principais razões do sucesso da North Face. O medo do fracasso leva muitas pessoas a não se aventurar fora de sua zona de conforto, a não testar novas formas de pensar ou não se atrever a pensar grande. Mas se você, líder, admitir que tanto você quanto a sua equipe podem fracassar, criará um ambiente muito mais propício a novas formas de pensar. As pessoas assumirão mais riscos e experimentarão novas perspectivas, dois dos principais impulsionadores da inovação.

Outra medida importante para criar uma cultura de pensar grande é promover um ambiente onde as pessoas tenham uma profunda conexão com um senso de propósito. Klopp é apaixonado por ajudar as pessoas a se conectarem com a natureza por meio de aventuras ao ar livre. Ele incorporou sua missão pessoal à missão da empresa e fez questão de usá-la para orientar todas as decisões e ações na organização. Foi assim que a cultura da empresa criou um enorme apelo para aventureiros ao redor do mundo, atraiu talentos à empresa e os inspirou a pensar grande, sem se limitar aos resultados financeiros.

A cultura da sua empresa não precisa ter a atmosfera de inovação da Apple nem o apelo voltado à missão da North Face. Mas se você, como líder, se abrir a pensar grande e incentivar as pessoas a fazer o mesmo, a cultura será imbuída de uma qualidade única e inovadora que motivará seu pessoal e manterá todos voltados para o futuro.

A vulnerabilidade é contagiante

Uma cultura não tem como ser saudável nem forte se não existir confiança. Se as pessoas confiam umas nas outras, as linhas de comunicação ficam abertas e as pessoas focam no que as une e não no que as separa. Na ausência da confiança, a cultura se transforma em uma competição selvagem na qual todos são vistos como potenciais inimigos. E o que acaba acontecendo é que o ambiente tóxico prejudica a eficácia, a produtividade e a lucratividade de seu grupo ou organização.

O segredo para desenvolver a confiança na sua organização é a vulnerabilidade. Quando as pessoas se dispõem a baixar a guarda, elas passam a confiar mais umas nas outras. É quase um milagre. Pense em uma pessoa com quem você tem um relacionamento negativo. Pode ser alguém do trabalho ou de outro lugar. Imagine se um dia você se abrisse para essa pessoa, contasse um problema que está tendo e pedisse a opinião dela. Não seria fácil, mas aposto que a pessoa passaria a confiar mais em você e o gesto reforçaria o relacionamento de vocês.

A vulnerabilidade é como uma arma secreta que você, líder, pode usar para promover a confiança na cultura da sua organização. A maioria das culturas organizacionais é dominada pela desconfiança, com as pessoas escondendo o jogo e engavetando as coisas. Como é comum achar que a vulnerabilidade é um sinal de fraqueza, pode ser difícil acionar essa qualidade para desenvolver a confiança.

No exemplo do Capítulo 3, falamos sobre o CEO que tentava promover o crescimento de sua empresa e, para isso, teve de começar a delegar mais responsabilidades aos outros. No começo, o CEO, que tinha estudado na Escola de Liderança John Wayne, hesitou em revelar suas dificuldades às pessoas. Ele não conseguia delegar porque não confiava em seu pessoal. Mas, quando ousou ser vulnerável, descobriu que estava deixando passar uma oportunidade incrível de receber a ajuda de seus funcionários. Ele passou a confiar neles e lhes delegou mais responsabilidades para ajudar a empresa a crescer. Por outro lado, eles confiaram que ele lhes daria autonomia para fazer seu trabalho.

Você, como líder, deve atuar como o "diretor de vulnerabilidade" da sua organização. Você pode dar o exemplo para criar um ambiente onde as pessoas não veem a vulnerabilidade como uma fraqueza. Você pode combater a liderança à la John Wayne, que mantém as pessoas distantes, sem confiar umas nas outras, e evita o trabalho em colaboração. A vulnerabilidade une as pessoas e eleva o potencial de todos.

Uma cultura de dever

Em muitos aspectos, o senso de direito adquirido, ou seja, achar que o mundo nos deve alguma coisa, é o maior inimigo de uma cultura forte e vibrante. As pessoas que se acham no direito de ter benefícios e vantagens são inerentemente egocêntricas e não estão interessadas em contribuir para concretizar a missão da organização. Pensar em termos de "o que eu ganho com isso" tem o poder de destruir as bases de qualquer grupo. A cultura é, por definição, um fenômeno coletivo. Se os membros da sua equipe estiverem focados no próprio umbigo, a cultura se torna tóxica.

É por isso que os líderes precisam cultivar um senso de dever, tanto em si mesmos quanto em sua organização. Como líder, você precisa encontrar maneiras de redirecionar o foco coletivo de "eu" para "nós". Não estou falando de colocar os interesses da empresa acima – e em detrimento – dos interesses individuais dos seus funcionários. Nas melhores culturas, as pessoas sabem que seus interesses individuais estão alinhados com os interesses da organização. Como já vimos, a mentalidade de dever diz respeito a se ver em um contexto muito mais amplo e entender como você e suas ações contribuem para os vários grupos dos quais faz parte. Se conseguir criar um ambiente onde todas as pessoas sabem com clareza o papel que desempenham na organização e se sentem valorizadas e empoderadas, você estará promovendo o espírito de equipe na sua cultura.

Um bom exemplo de uma cultura de dever vem do mundo do basquete profissional. Desde 2014, os Golden State Warriors têm sido o padrão ouro de excelência na NBA. O time venceu nada menos que três campeonatos mundiais em cinco anos e chegou ao recorde de cinco finais consecutivas na NBA. Você pode não torcer para eles, mas é difícil negar que eles cultivaram uma robusta cultura de equipe, na qual cada jogador, famoso ou desconhecido, tem um sentimento de dever em relação ao time como um todo. O mundo dos esportes profissionais está cheio de celebridades, com egos gigantes e acostumados com fama e fortuna, o que pode ser um obstáculo ao espírito de equipe. Os Warriors não são uma exceção. O time conta com alguns dos jogadores mais talentosos do mundo, sendo que alguns deles poderiam muito bem ser o melhor jogador de muitos outros times da liga. Mas, em vez de se focar no dinheiro, na fama ou no ego, todos os integrantes dos Warriors adotaram o mantra do time: "A união faz a força". Todos os jogadores encontraram uma maneira de colocar o sucesso da equipe acima de sua própria glória pessoal. Na prática, os jogadores concordaram em sacrificar seu tempo na quadra, suas estatísticas individuais e até seu salário em prol da harmonia do time. E os resultados falam por si só. Os Warriors têm conquistado mais sucessos do que qualquer outro time da história do basquete, quebrando seu próprio recorde temporada após temporada, e cada jogador individual tem conseguido bater e quebrar recordes pessoais devido à força da equipe.

Como você pode promover o senso de dever na sua cultura? O fator mais importante, naturalmente, é que como líder, você deve ser um exemplo da mentalidade de dever. Mas também é importante colocar as pessoas certas, com a mentalidade certa, em outras posições de liderança. Kathy Mazzarella é a CEO da Graybar, uma empresa de distribuição elétrica e de comunicações da Fortune 500. Uma das qualidades mais importantes que ela procura em candidatos a cargos de liderança é um senso de obrigação de ajudar a melhorar a empresa. Os candidatos apresentam uma mentalidade de dever, ou seja, a capacidade de se ver como uma parte importante de um todo muito maior? Ou eles só estão interessados nos ganhos pessoais? Segundo Mazzarella, nem todo o talento do mundo pode substituir esse senso de dever quando se trata de encontrar líderes fortes. E esse critério para a contratação de líderes tem sido ótimo para a Graybar. Os níveis de retenção e satisfação dos funcionários da empresa são os melhores do setor e não é raro as pessoas ficarem 30 ou 40 anos na empresa. Tanto que a própria Mazzarella entrou na Graybar aos 19 anos e passou 35 anos na empresa, subindo pela hierarquia até se tornar uma das poucas CEOs do sexo feminino de uma empresa da Fortune 500.

Não importa se você lidera um time esportivo profissional ou uma grande corporação, o senso de dever é um fator absolutamente indispensável para construir uma cultura forte e duradoura. A mentalidade de dever é a liga que une uma cultura e cabe ao líder, no caso você, dar o exemplo para todos os seus funcionários.

Uma cultura que amplifica

Do mesmo modo como o potencial de uma pessoa é maximizado quando ela aprende a fechar suas lacunas e alavancar seus talentos, a cultura de uma organização pode ser energizada quando as pessoas conseguem resolver de maneira construtiva os pontos fracos e identificar e amplificar os fortes. Vi culturas organizacionais que não faziam isso bem, e o resultado era uma atmosfera na qual era praticamente impossível melhorar. As pessoas ficavam na defensiva quando recebiam críticas construtivas e sentiam-se subutilizadas e subestimadas. Por outro lado, em uma cultura na qual as pessoas lidam bem com os pontos fortes e fracos, todos na organização são energizados e sentem que têm autonomia para maximizar seu próprio potencial.

Se, como líder, você for capaz de manter a atitude certa em relação aos pontos fracos das pessoas, poderá dar o exemplo para criar uma cultura mais saudável e voltada ao desenvolvimento. Como vimos, para lidar com os nossos pontos fracos, é importante lembrar que ninguém é perfeito e que todas as pessoas estão em um processo de melhoria contínua. Se a sua organização tiver essa cultura, as pessoas ficarão menos na defensiva e estarão mais dispostas a resolver os próprios problemas. Na verdade, elas vão procurar problemas, a fim de encontrar maneiras de melhorar a si mesmas. Se você der o exemplo certo no topo, terá toda uma cultura de melhoria contínua.

Uma cultura corporativa forte é marcada por pessoas que buscam e empoderam os talentos especiais de todos os membros da organização. Rohit Mehrotra, fundador e CEO de uma das empresas de serviços de tecnologia de crescimento mais rápido dos Estados Unidos, a CPSG

Partners, diz que tenta encontrar o atributo especial em cada um de seus funcionários. Ele acredita que todas as pessoas têm o potencial de atingir a grandeza e gosta de contratar pessoas com experiências e habilidades especiais que outras empresas podem deixar passar. Mehrotra acredita que, se você procurar direito, pode encontrar a grandeza em qualquer pessoa. O segredo é encontrá-la e ajudar as pessoas a desenvolvê-la.

Como líder, você é o principal responsável por imbuir a sua cultura dessa perspectiva voltada ao processo. Se puder ajudar as pessoas a ver as próprias lacunas e talentos como parte de um trabalho em andamento, criará as bases para uma cultura que valoriza o aprimoramento acima de tudo. É uma grande inspiração fazer parte de um grupo assim.

Crie uma cultura de ação corajosa

Uma qualidade que eu procuro em qualquer organização é uma sensação de vivacidade e atividade. Parece que sempre tem alguma coisa *acontecendo*? Todos estão engajados e focados em gerar resultados concretos? As pessoas são orientadas aos resultados e recompensadas por agir em prol dos objetivos da organização? Parece que todo mundo sabe que a bola está em jogo e está agindo de acordo? Essas qualidades visíveis indicam a extensão na qual a cultura valoriza a ação corajosa.

Não é fácil agir e executar planos e visões. Isso requer coragem e foco. Cabe a você, o líder, dar o exemplo para o seu pessoal. Como você costuma agir? Você vive saindo da sua zona de conforto? Você se mantém avançando, mesmo diante da resistência? Como líder, você precisa ter mais coragem do que os outros. Se assumir essa responsabilidade, imbuirá a sua cultura das mesmas qualidades.

Como vimos no Capítulo 6, a ação corajosa tem diferentes facetas: orgulho, paixão e precisão. Cada um desses aspectos é uma virtude ao mesmo tempo individual e cultural. A diferença entre os grupos que se orgulham de seu trabalho e os que não se orgulham é enorme e não é raro essa diferença levar ao sucesso ou ao fracasso de uma empreitada. A ideia é que todos tenham orgulho de fazer parte da organização. Você quer que sua cultura organizacional inspire a todos a sentir orgulho de trabalhar na sua organização. A identidade da empresa e a de cada pessoa são um reflexo uma da outra, e você quer que o mundo inteiro veja como as pessoas da organização se *orgulham* de pertencer a ela. Você consegue pensar em um ímã de talentos melhor?

A sua cultura inspira paixão nas pessoas? A paixão é o que energiza uma cultura. A paixão que as pessoas sentem pelo trabalho que fazem juntas ou pela missão organizacional é o que leva ao sucesso ou ao fracasso da organização. Cabe a você, como líder, inspirar essa paixão. Você pode fazer isso dando o exemplo. Afinal, a sua paixão é contagiante. Também pode fomentar a paixão pela cultura da sua organização criando uma atmosfera na qual todos sejam encorajados a usar sua paixão pessoal de maneira a contribuir para o todo. Você está empoderando as pessoas a descobrir o que as motiva e encontrando maneiras de mobilizar essas paixões para o bem da organização?

Já a precisão é refletida na qualidade e na eficiência da cultura da sua organização. A sua organização possui padrões claros e eles são articulados com clareza? As pessoas se mantêm focadas nas tarefas e nos objetivos da organização? As culturas fortes, apesar de não serem rígidas, promovem o foco, valorizando e maximizando o tempo e a energia de todos. A atenção aos detalhes permeia tudo, desde a maneira como as reuniões são conduzidas até as comunicações.

Se você se mostrar disposto a agir com coragem, demonstrando seu orgulho, paixão e precisão, terá uma profunda influência sobre todas as pessoas. A sua organização ficará energizada, com todos focados em atingir os objetivos. Essa energia atrairá outras pessoas e ampliará seu impacto.

Ajude todos a remar na mesma direção

Sou um grande fã de esportes em equipe. Adoro o poder que o esporte tem de aproximar as pessoas, mesmo se for só por um tempo, alinhadas em uma espécie de harmonia coletiva. É o que acontece no basquete, que pode lembrar a improvisação do jazz. Quando todos os cinco jogadores estão alinhados na quadra, eles se transformam em mais do que um grupo de indivíduos. Eles atuam em um tipo de sincronia que as pessoas descrevem como "entrar no fluxo".

Em seu livro de 2006, *Cestas sagradas*, Phil Jackson, o lendário técnico da NBA, fala sobre a dinâmica psicológica à qual ele atribui seu sucesso como jogador e como técnico de basquete. Jackson, que ganhou mais campeonatos do que qualquer outro técnico na história da NBA (11 campeonatos, em dois times diferentes), também era um praticante do zen budismo e usou uma variedade de técnicas de *mindfulness* com seus jogadores para ajudá-los a se focar e se unir. Ao aprender a permanecer no momento, os jogadores de Jackson foram capazes de desligar a mente das distrações e do caos inerente ao basquete profissional e encontrar um foco que ampliava suas habilidades, tanto individual quanto coletivamente.

Jackson conseguiu fazer com que algumas das maiores estrelas do basquete, nomes famosos como Michael Jordan, Kobe Bryant e Shaquille O'Neal, deixassem o ego de lado para jogar em prol da equipe. Muitos jogadores de Jackson dizem que as práticas de *mindfulness* que aprenderam com ele os ajudaram a ter acesso a uma espécie de inteligência coletiva. Em quadra, eles praticamente conseguiam prever o que os colegas iam fazer. Como um grupo de garças voando juntas no céu, a consciência intensificada do grupo de jogadores permitiu que eles atingissem um grau de harmonia que resultou em times de enorme sucesso.

A aplicação do *mindfulness* ao basquete é um excelente exemplo da maneira como estar presente e atento afeta a cultura de um grupo. Quando todos os integrantes de uma equipe se esforçam para permanecer no momento presente, o potencial do grupo aumenta exponencialmente. Tudo flui mais fácil quando vocês não estão distraídos e podem compartilhar uma perspectiva mais complexa, gratificante e dinâmica do que qualquer uma de suas perspectivas individuais. Quando você tenta se desligar de todas as distrações, tanto as da sua própria mente quanto as do mundo, e faz isso com sua equipe, vocês se comunicam melhor, são capazes de levar mais fatores em consideração ao tomar as decisões, cometem menos erros e produzem mais.

Ajuste o rumo do grupo

Tive o prazer de trabalhar com Kris Canekeratne, um dos executivos que tem sido, para mim, uma grande fonte de inspiração. Canekeratne é o CEO e fundador da Virtusa, uma empresa de serviços de TI fundada em Sri Lanka, seu país natal, e sediada no estado americano de Massachusetts. A Virtusa tem tido um enorme sucesso nas últimas duas décadas e Canekeratne atribui esse sucesso principalmente à cultura de inovação constante criada por ele e seus colegas.

O setor de serviços de TI mudou muito desde que a Virtusa foi fundada, em 1996. Desde o advento da internet, inúmeros concorrentes nasceram e morreram. Canekeratne sempre soube que, para manter a relevância nesse setor altamente competitivo, ele e sua equipe precisariam imbuir a cultura da empresa de uma paixão pela mudança. Ele encorajou todas as pessoas da organização, desde a alta gestão até os funcionários recém-chegados, a dar sugestões de como mudar ou até revolucionar a empresa. Ele cunhou o lema: "Quando você para de evoluir, o fracasso é garantido", e foi sistemático em seu empenho de manter todos focados na melhoria constante. Graças a esse empenho, a Virtusa tem uma das culturas mais orientadas ao ajuste de rumo que eu já vi. Com base nessa cultura, eles conseguiram se reinventar várias vezes no decorrer de suas mais de duas décadas no setor. Ao mudar, eles conseguiram se manter na liderança de um dos setores mais marcados pela competitividade e pelas rápidas mudanças.

A agilidade organizacional nunca foi tão importante. Para garantir uma vida longa a qualquer empresa, seus líderes precisam necessariamente criar uma cultura que não só incentive, mas também priorize o ajuste de rumo. Cabe a você, como líder, criar um ambiente onde todos se mantenham em busca de oportunidades de melhorar e onde as pessoas sejam encorajadas a ter e compartilhar novas ideias. As pessoas não podem ter medo de propor ajustes de rumo. Isso seria um caminho certo para o fracasso. Todas as pessoas da sua organização devem ser apaixonadas pelo sucesso da empresa e sentir-se empoderadas para contribuir para o avanço da organização.

A liderança ágil requer muita maturidade. Você não pode ser orgulhoso. Você precisa ser vulnerável e aberto. Precisa se comunicar com eficácia e unir todas as pessoas em torno do objetivo de concretizar a missão coletiva do grupo. Se conseguir fazer isso, você estará criando as bases do sucesso da empresa. Você terá uma cultura de ajuste, melhoria e evolução constantes.

Você é um exemplo para todos

Espero ter deixado bem claro que liderança e cultura são praticamente dois lados da mesma moeda. Se você achar que estou exagerando, pesquise no Google as dez melhores empresas para trabalhar e dê uma olhada na equipe de liderança delas. Eu tenho certeza de que você vai encontrar uma correlação direta entre os fatores que fazem com que a empresa tenha uma cultura tão atraente e as ações conscientes de seus líderes.

Se quiser ser um excelente líder, é fundamental se conscientizar da profunda relação entre a sua liderança e as culturas das quais faz parte. As qualidades do seu núcleo interno, que você cultiva em si mesmo, afetam profundamente as qualidades da cultura da sua organização. Até é possível dizer que os dois são a mesma coisa.

Esse poder de afetar a cultura do grupo é, sem dúvida, uma responsabilidade enorme. As pessoas contam com você e até dependem de você. Você não tem como se dar ao luxo de deixar de ser um líder, de influenciar as pessoas e de ser um exemplo para elas, nem por um minuto. As pessoas estão observando tudo o que você diz, o que faz e quem você é.

O lado bom é que os melhores líderes se energizam com esse fato. Ao ousar assumir as responsabilidades que acompanham a Liderança

Inteligente, suas ações, suas atitudes e seus comportamentos têm um enorme poder de afetar o mundo ao seu redor. Você é um exemplo para todos. Não consigo pensar em um motivador maior do que ser o melhor líder e o melhor ser humano que você pode ser.

10

Conclusão: o paradoxo da mudança

Uma das primeiras perguntas que faço aos meus clientes quando começamos a trabalhar juntos é: "Você acha que, para ser um excelente líder, é necessário agir de maneiras que entrarão em conflito com as suas preferências pessoais?". A pergunta é uma pegadinha, porque ela pode ser respondida de duas maneiras opostas. Por um lado, todo mundo tem o potencial de ser um excelente líder. Nós só precisamos nutrir e cultivar essas qualidades inatas para que elas comecem a vir à tona e orientem nossos pensamentos e ações.

Por outro lado, apesar de todo mundo ter o potencial de ser um excelente líder, nossas preferências, comportamentos e padrões de pensamento – a pessoa que somos – podem não refletir esse potencial. Qualidades e hábitos menos desejáveis podem predominar sobre as qualidades de um excelente líder. É por isso que, para sermos líderes excelentes, não podemos deixar de mudar. Precisamos mudar a maneira como pensamos, agimos e interagimos. Nós basicamente precisamos nos transformar em outra pessoa, uma versão melhor de quem já somos.

Esse é o paradoxo da mudança. Precisamos nos transformar em algo novo e diferente, mas, ao mesmo tempo, também precisamos reforçar as qualidades que já temos.

Ao explorar cada uma das dimensões da Liderança Inteligente, você sentiu esse paradoxo na pele. Por exemplo, quando falamos sobre a decisão de ser vulnerável, tenho certeza de que entendeu a importância de se abrir para si mesmo e para os outros. Você pode até ter se lembrado de algum benefício trazido pela vulnerabilidade em algum momento da sua vida. Mas a vulnerabilidade também pode ser intimidadora, e você pode ter passado sua vida inteira evitando se abrir. E pode ter constatado que, ao decidir ser vulnerável, você tem como liberar um enorme potencial de força e transformação.

Cada dimensão da Liderança Inteligente está dentro de você e à sua frente. É algo a ser trazido à tona das profundezas de seu ser e algo a ser conquistado. Essas duas perspectivas são verdadeiras e importantes. Na sua jornada para se transformar em um Líder Inteligente, sugiro manter essas duas perspectivas em vista. Saiba que você não tem como se tornar um líder nem um ser humano melhor se não mudar. Ao mesmo tempo, mantenha em mente que o seu potencial de ser um excelente líder não está no mundo, mas sim em você. Está nas profundezas do seu núcleo interno.

Transforme o novo em uma realidade

Independentemente do lado em que esteja no paradoxo da mudança, você vai precisar mudar para se tornar um Líder Inteligente. Você precisará transformar o novo em realidade. Neste livro, apresentei exercícios e o que chamo de "comportamentos iniciadores", que podem ser aplicados para cultivar cada dimensão da Liderança Inteligente. Fiz questão de apresentar exercícios genéricos porque, pela minha experiência, cada caso é um caso. Meu objetivo foi lhe dar uma boa ideia das qualidades básicas de uma excelente liderança e ferramentas que pode usar para acessá-las e reforçá-las em si mesmo.

Ao concluirmos nossa jornada juntos, gostaria de propor mais um exercício. É uma fórmula simples para trazer algo novo à realidade, como uma qualidade específica ou uma visão para si mesmo. Você pode usar todas as etapas do processo ou apenas algumas. O que você achar mais interessante.

A ideia por trás desse processo é que, para se transformar em algo novo, é útil ter uma visão de como será essa transformação. Essa visão é o farol que você usará para se orientar no difícil processo de mudança. Ela esclarece o objetivo almejado e lhe dá uma ideia do que, especificamente, você precisa fazer para chegar lá.

Usei esse processo com milhares de pessoas ao longo da minha carreira, e também o usei eu mesmo, sempre com resultados positivos. Veja a seguir os seis passos simples:

1. **Visualize.** É absolutamente imprescindível ter uma visão do que deseja se tornar. Pode ser algo específico, como ser mais dinâmico nas comunicações, ou algo mais geral, como se tornar um líder melhor. Seja qual for a sua visão, é importante dedicar um tempo para desenvolver a imagem mais clara possível de como pode ser esse "novo você". Quanto mais detalhes puder vislumbrar, melhor. Essa visualização não só lhe dará um objetivo a ser atingido como também o alinhará com as qualidades que já tem e que espera acentuar.

2. **Registre e verbalize sua visão.** Depois de esclarecer a sua visão, é importante anotá-la com todos os detalhes que conseguir. Isso vai concretizar ainda mais sua visão e lhe dará um registro que poderá consultar à medida que avança no processo. Depois de colocar a sua visão no papel, leia em voz alta. Articular uma ideia é de grande ajuda para concretizá-la. As palavras têm um grande poder, especialmente quando ditas em voz alta. Alguma coisa muda em você ao ouvir a sua visão dita na sua própria voz. As coisas ficam mais reais. Você se responsabiliza por concretizar a visão e se obriga a prestar contas por ela.

3. **Identifique as lacunas.** Repasse a sua visão, tanto escrita quanto falada, prestando atenção aos seus sentimentos. Alguns elementos o inspiram mais do que outros? Alguns aspectos são incômodos ou intimidadores? Suas reações emocionais podem ser um bom indicador do quanto falta para atingir o seu objetivo. Essas "lacunas" entre quem você é e quem você deseja ser são importantes. São as áreas da sua visão que podem demandar mais atenção no futuro.
4. **Faça uma lista.** Depois de identificar as "lacunas" entre você e a sua visão, faça uma lista. Escreva algumas observações explicando por que você incluiu cada item e não deixe de anotar as reações emocionais que teve quando repassou a sua visão.
5. **Comprometa-se com a mudança.** Pode parecer óbvio, mas muita gente pula essa etapa. O simples fato de você ter chegado até aqui no processo mostra que está, até certo ponto, comprometido com a mudança. Mesmo assim, é importante reforçar esse compromisso. Você pode fazer um pacto consigo mesmo de que está comprometido com concretizar a sua visão e com fechar todas as lacunas necessárias para chegar lá.
6. **Crie um plano de ação.** Agora que você criou e articulou sua visão, identificou os obstáculos e se comprometeu a superá-los, é hora de pensar em um plano de ação. A ideia é manter a coisa simples. Os planos de ação devem começar com uma frase simples descrevendo o seu compromisso. Também devem incluir pelo menos uma medida que pretende tomar para resolver cada lacuna identificada. Se quiser, pode incluir prazos para cada item do plano, mas a ideia é criar um esboço das medidas, ou ações, que pretende tomar para atingir seu objetivo.

Com isso, você terá um plano simples para concretizar a sua visão. Mas é claro que, se achar que esse processo não tem muito a ver com você, não tem problema! Cada um tem uma abordagem diferente para mudar. Sugiro que encontre a sua e coloque em prática todas as etapas mais apropriadas para você.

O Líder Inteligente: uma visualização guiada

Como vimos, o primeiro e mais importante passo para você se transformar em algo novo é visualizar o objetivo. Com base nisso, eu gostaria de propor mais um pequeno exercício. Quero guiá-lo na visualização de como seria uma expressão próspera de todas as sete dimensões da Liderança Inteligente, ou seja, de como seria viver na pele de um líder verdadeiramente inteligente. É claro que cada pessoa apresentará uma expressão diferente dessas dimensões. Como a luz que passa através de um prisma, essas dimensões devem refletir os padrões inigualáveis que caracterizam o coração, a mente e a alma de cada um de nós. Mesmo assim, vale a pena explorar como seria, em geral, um Líder Inteligente, para ajudar a inspirar a sua própria visualização. Se você preferir fazer isso sozinho, sem a minha orientação, passe para a próxima seção. Caso contrário, vamos lá!

Os líderes inteligentes têm uma profunda conexão com seu propósito central. No fundo eles sabem por que estão neste planeta e esse autoconhecimento lhes dá coragem para se engajar em grandes ideias. Saber quem eles são, nas profundezas de seu ser, lhes possibilita se expressar em seu próprio estilo, inspirando as pessoas a pensar de maneiras novas e diferentes. Os líderes inteligentes são pensadores pioneiros, decididos a usar a vida que lhes foi dada para deixar a maior marca possível nas pessoas e no mundo.

Os líderes inteligentes conhecem o poder de ser mais do que o volume de sua voz ou o tamanho de sua autoridade. Eles sabem que mostram sua força quando se dispõem a correr o risco de ser vulneráveis consigo mesmos e com os outros. Essa abertura pega as pessoas de surpresa e as inspira a seguir o exemplo. Os líderes inteligentes sabem que a abertura é o portal para a transformação e forma as bases de relacionamentos fortes e duradouros. Eles nunca perdem de vista o fato de que jamais conseguirão realizar nada sem a confiança e a parceria das pessoas.

Os líderes inteligentes são capazes de enxergar o quadro geral. Eles cultivaram a capacidade de transcender suas próprias tendências egocêntricas e se preocupam mais com o todo do que consigo mesmos. Com isso, eles são imbuídos de um tipo raro de maturidade e dignidade. Eles têm um senso de dever em relação à missão, aos membros de sua equipe e a fazer o seu melhor em todas as situações e circunstâncias. Sua capacidade de ver as coisas de uma perspectiva mais ampla cria espaço e dá mais força às pessoas. Elas se tranquilizam sabendo que os líderes inteligentes estão sempre atentos e confiam que eles sempre tomarão a decisão que beneficiará o grupo.

Os líderes inteligentes se conhecem melhor do que qualquer outra pessoa. Eles identificaram seus talentos inatos especiais e sabem como usá-los do melhor jeito. Eles veem a si mesmos (e a todas as pessoas) como eternos trabalhos em andamento. Sabem que a perfeição é algo a ser buscado, mas que jamais será totalmente alcançado. Esse conhecimento lhes dá a força e a autoconfiança para encarar até seus piores defeitos. Eles não evitam críticas e veem seus erros e defeitos como oportunidades de crescimento, de se desenvolver para poder servir melhor às pessoas.

Os líderes inteligentes sabem quando é o momento de agir e quando é melhor se refrear. Enquanto outros podem ficar paralisados de medo, apatia ou desinteresse, os líderes inteligentes entram em cena sem hesitação e fazem o que for preciso. Sua coragem tem origem em um profundo orgulho de si mesmos, mas não o tipo de orgulho obstinado. Eles se orgulham de um trabalho bem feito, principalmente se foi feito em colaboração. Suas ações são sempre caracterizadas por uma profunda paixão pelo que estão fazendo e inspiram essa mesma paixão nas pessoas com quem colaboram. Por considerar seu trabalho sagrado, tentam imbuir tudo o que fazem de um alto grau de precisão. As pessoas sabem que esses líderes vão fazer as coisas que mais importam e do jeito certo.

Os líderes inteligentes estão sempre presentes e alertas. Estão sempre cientes do contexto. Eles se mantêm focados no que mais importa, mesmo em situações nas quais os outros baixam a guarda. Eles são imunes a distrações, porque valorizam seu tempo e atenção. A presença deles é magnética. As pessoas sabem onde estão pisando porque sabem que eles se importam. As pessoas confiam que eles sempre vão ver as coisas com clareza, porque suas intenções são puras e eles conseguem ter a visão mais objetiva de qualquer situação. Eles veem o que os outros não conseguem ou não querem ver.

Os líderes inteligentes sabem que o trabalho e a vida são um labirinto sem fim. Não desanimam quando tropeçam. Na verdade, não se importam com os erros porque sabem que o sucesso depende de sua capacidade de ajustar o rumo. Eles têm um enorme desejo de aprender. Buscam a clareza. Se dispõem a mudar quando veem que a mudança é necessária. Vivem fora de sua zona de conforto sem sentir qualquer desconforto. Eles resolvem problemas não necessariamente porque têm um QI alto ou são brilhantes, mas porque se dispõem a encarar os problemas, mesmo os aparentemente impossíveis.

Tenho certeza de que você se identificou com alguns aspectos dessa visão e com outros, não. Você provavelmente já tem algumas qualidades bem desenvolvidas e precisa desenvolver outras. Tudo isso é natural. Somos seres complexos. A Liderança Inteligente se manifesta de um jeito diferente em cada pessoa. Sugiro criar a sua própria versão dessa visualização. Se você dominasse cada uma das sete dimensões, que tipo de pessoa seria? Como agiria? Não tenha medo de ser específico. Os detalhes são importantes.

Se puder criar uma visão clara para si mesmo, terá progredido muito na concretização dessa visão.

Qual será o seu legado?

Em uma das cenas mais memoráveis da famosa peça de Arthur Miller, *As bruxas de Salem*, o protagonista, John Proctor, que está na prisão por ser um feiticeiro, se vê diante de um dilema existencial. Ele precisa optar por assinar uma confissão de que ele de fato é um bruxo para ser libertado ou recusar-se a mentir e ser condenado à morte. No momento mais dramático da história, ele escolhe preservar sua integridade, mesmo se, para isso, for preciso morrer. Quando lhe perguntam por que fez essa escolha trágica, ele responde: "Porque é o meu nome! Porque não posso ter outro na vida!". Seu nome, ou seja, seu legado, é mais importante para ele do que sua própria vida.

A decisão de Proctor reflete a essência da Liderança Inteligente. Sei que a maneira como você escolhe se desenvolver como líder e ser humano não é uma questão de vida ou morte. Mas, para mim, nossas ações, como as de Proctor, afetam nossa integridade, nossa alma. Acredito que o tipo de líder que você escolhe ser tem implicações enormes. E não estou falando só de você ou da sua riqueza, reputação ou fama. Estou falando do seu legado. Estou falando da marca que você deixará no mundo no tempo que passar neste planeta. Estou falando da sua alma. Quando estiver no seu leito de morte, como você avaliará a sua vida? Estará em paz, satisfeito com o que fez? Saberá que fez tudo o que pôde para fazer deste mundo um lugar melhor?

Essa questão moral é a essência da Liderança Inteligente. Você pode empregar todas as táticas, ferramentas e estratégias do universo, mas, se não conseguir identificar esse senso mais profundo de propósito e orientar sua vida com base nele, não poderá deixar a sua marca no mundo. Seu sucesso será superficial e medíocre e você nunca atingirá a verdadeira grandeza.

Esse é o desafio da Liderança Inteligente. E também o que faz com que essa abordagem seja tão especial e valiosa. Os líderes inteligentes são muito exigentes consigo mesmos. Eles não se contentam com poder ou carisma. Os líderes inteligentes transbordam de caráter, integridade e altruísmo. Eles sabem que são exemplos para todas as pessoas que cruzam seu caminho.

No início do livro, defini os líderes simplesmente como "exemplos a serem seguidos pelos outros". Eles são as luzes que nos guiam. Agora que estamos chegando ao fim do livro, sugiro que reflita profundamente sobre essa definição. Que tipo de exemplo você quer ser para seus colegas, seus amigos, seus filhos? Se a humanidade fosse estudá-lo para saber como uma pessoa deve ser, ou viver, você se orgulharia do que tem a mostrar?

Sua resposta a essa pergunta é o que determinará seu sucesso no futuro, tanto como líder quanto como ser humano.

Agradecimentos

Este livro, como os outros que escrevi, é fruto do comprometimento, sacrifício e trabalho duro de muitas pessoas.

Quero agradecer à minha incrível esposa, que está há 41 anos do meu lado. Gayle é a pessoa mais corajosa que eu já conheci. Ela sobreviveu duas vezes ao câncer de mama e nunca desistiu da vida, tendo persistido e continuado a persistir para ajudar as pessoas com seu trabalho como uma enfermeira da Universidade da Flórida Central. Gayle é um exemplo a ser seguido por toda a nossa família e pelo mundo. Gayle, eu te amo.

Sou grato a nossos quatro filhos e seus parceiros – Jared, Nicholas, Kristina e Darrin, e Matthew e Cassee e nossos quatro netos – Luke Dominic Mattone, Dylan John DiBisceglie, Easton Matthew Mattone e Ava Lorraine DiBisceglie. O amor de vocês é a minha força. Eu amo vocês. Gostaria de agradecer a meus finados pais, Dominic e Jane Mattone, e a meus finados sogro e sogra, Bill e Jean O'Halloran. Sentimo-nos consolados e fortalecidos por saber que vocês estão nos protegendo daí de cima. Sabendo disso, avançamos todos os dias com orgulho, honra e confiança.

Sou grato a todos os meus clientes que participaram de minhas palestras, retiros executivos, workshops e programas de treinamento e àqueles com quem tive o privilégio de atuar como coach e consultor ao longo dos anos. Aprendi muito com vocês e sou grato por suas contribuições para este livro. Devo agradecimentos especiais a meu amigo e conselheiro Joel Pitney, que passou mais de um ano trabalhando incansavelmente comigo neste livro. Obrigado, Joel, por sua sabedoria, sua criatividade e seu compromisso inesgotável comigo e com este projeto. Também gostaria de agradecer à esposa dele, Laura Pitney, que editou meticulosamente o manuscrito para melhorar sua qualidade.

Gostaria agradecer à minha incrível equipe da John Mattone Global: meus filhos Nicholas Mattone, nosso diretor de relacionamentos, e Matthew Mattone, nosso diretor de operações; Trevor Maloney, nosso diretor de desenvolvimento; e Sean Ryan, nosso diretor de estratégia. Também sou grato à nossa equipe de marketing, liderada por Manny Janero, Gonzalo Montes de Oca e pela Launch My Book Inc.; nossa equipe financeira e administrativa, liderada por Lauryn Charles, Kristina DiBisceglie e Cassee Zopp; e nossa equipe jurídica, composta por Jeffrey Garber e Carl Spagnuolo. Devo minha gratidão a nosso amigo, colega e conselheiro Paul Cortissoz.

Também gostaria de agradecer à nossa excelente equipe de treinamento: Susan Ryan, nossa diretora de treinamento avançado de Liderança Inteligente e master trainer de Liderança Inteligente; Kalpana Shanmugham, Ph.D., master trainer de Liderança Inteligente; e Lori Raggio, master trainer de Liderança Inteligente. Gostaria de agradecer aos nossos mais de 450 coaches executivos de Liderança Inteligente, que nos representam em 52 países ao redor do mundo. Gostaria de estender um agradecimento especial a meu amigo Terry Powell, fundador da Franchise Source Brands, da Entrepreneurs Source e da AdviCoach Franchise, que compartilhou minha visão de criar em colaboração e lançar a marca de franquia AdviCoach-Intelligent Leadership Coaching para oferecer oportunidades empreendedoras a líderes do mundo todo que ambicionam abrir e expandir sua própria empresa de coaching.

Quero agradecer a nosso amigo, colega e parceiro de negócios fantástico Monir Fady, da Doha Business Solutions (DBS), e à equipe de liderança da DBS pelo apoio ao meu trabalho no Oriente Médio, Europa e África. Gostaria de agradecer a Taha Farhan e à equipe da Global Gurus por todo o apoio e de estender meus agradecimentos especiais a Des Dearlove e Stuart Crainer, da Thinkers50, por acreditarem em mim e no meu trabalho. E, é claro, sou profundamente grato a todos os nossos parceiros de eventos e agências internacionais de palestrantes.

Gostaria de estender um agradecimento especial a meus amigos e colegas da Universidade da Flórida Central (UCF): Michael Johnson, reitor da Faculdade de Ciências; Florian Jentsch, presidente do conselho do Departamento de Psicologia; Steven Jex, Diretor do Programa de Ph.D. em Psicologia Industrial e Organizacional; Victoria Pace, diretora do Programa de Mestrado em Psicologia Industrial e Organizacional; e Millie Erichsen, diretora sênior de desenvolvimento do Departamento de Ciências. Gostaria de deixar meus agradecimentos aos alunos de mestrado e Ph.D. em Psicologia Industrial e Organizacional da UCF e agradecer a todos os meus alunos de MBA executivo da Universidade Atlântica da Flórida. O mundo acadêmico e de negócios só vai melhorar quando vocês entrarem no mercado de trabalho. Vocês tiveram excelentes mentores e professores pelo caminho.

Quero agradecer ao meu primeiro mentor, Joseph Weintraub, professor de administração da Babson College, que me apresentou ao campo da psicologia industrial e organizacional e me inspirou a fazer a pós-graduação. Sou grato a Wayne Burroughs, que atuou como diretor do Departamento de Psicologia Industrial e Organizacional da UCF, que me orientou e me instigou a atingir meu potencial. E sou grato a meu primeiro mentor corporativo, o finado Lou Larsen, que acreditou em mim mais do que eu mesmo.

Sou grato a meus colegas e amigos da AlignMark – Cabot Jaffee Senior, Cabot Jaffee, Glen Jaffee, Mike Struth – por tudo o que aprendi com vocês e por toda a sabedoria e paixão que me motivam a fazer o que faço hoje. Também sou grato a Bonnie Hagemann, CEO da Executive Development Associates, e à toda a equipe da EDA por serem parceiros de negócios espetaculares.

Meus agradecimentos não estariam completos se eu não mencionasse todos os especialistas em liderança e coaches que me inspiraram e tiveram um tremendo impacto sobre mim e minha carreira. Vou começar com Marshall Goldsmith, a quem dediquei este livro. Também quero agradecer a Tony Robbins, John Maxwell, Ken Blanchard e ao finado Stephen Covey por tudo o que eles fizeram para me inspirar. Foram tantas as pessoas que me ajudaram, me orientaram e me guiaram que peço desculpas se deixei de mencionar alguém aqui. Obrigado por me ajudar pelo caminho!

Por fim, este projeto não teria sido possível sem o apoio de Matthew Holt, meu editor, e o incrível trabalho da editora de texto Jeanenne Ray e sua equipe da John Wiley & Sons, bem como o trabalho de revisão de texto de Vicki Adang. Muito obrigado pelo trabalho fantástico de vocês.

Sobre o autor

John Mattone é reconhecido como um dos melhores coaches executivos do mundo e é internacionalmente respeitado por sua capacidade de despertar e desenvolver o eu interior e os talentos dos líderes. Desde 2017, é uma das três autoridades de coaching mais importantes do mundo listadas pela Global Gurus, ao lado de Tony Robbins e Marshall Goldsmith. John é o criador da abordagem e do processo que ele batizou de Coaching Executivo da Liderança Inteligente, um método sem igual, de enorme eficácia e revolucionário. Desde 2012, John já aplicou seu processo patenteado de coaching para orientar pessoalmente mais de 50 CEOs de multinacionais, altos oficiais do governo e atletas profissionais, ajudando-os a se tornar líderes e pessoas mais fortes, eficazes e vibrantes. Atuou como o coach executivo do finado Steve Jobs, bem como de Roger Enrico, o lendário CEO da PepsiCo. Em 2015, o sistema de liderança de John foi eleito um dos três mais importantes programas avançados de desenvolvimento da liderança do mundo, ao lado do trabalho de John Maxwell e de Tony Robbins.

John também é um palestrante internacionalmente requisitado e faz apresentações em eventos e empresas ao redor do mundo. Por meio de seu trabalho como o palestrante principal em eventos, conduzindo um retiro ou orientando um executivo, John é reconhecido por sua capacidade sem igual de identificar e liberar os talentos especiais de líderes de todos os níveis.

Além de ser reconhecido por seu trabalho na área de coaching de liderança, John é considerado uma das maiores autoridades do mundo nas áreas da cultura organizacional e transformação cultural. Um respeitado consultor de CEOs tanto de organizações de pequeno e médio portes quanto de grandes corporações globais, John ajuda as empresas a criar e manter uma cultura de liderança capaz de gerar resultados superiores.

John é o criador da John Mattone University (JMU), que oferece o revolucionário programa Coaching Executivo da Liderança Inteligente, credenciado pela International Coach Federation. Desde 2017, orientou e certificou pessoalmente mais de 400 coaches executivos de 52 países, compartilhando a abordagem, o processo e as ferramentas da Liderança Inteligente. A JMU também oferece o Intelligent Leadership Retreat de dois dias e meio, o CEO Aspire Elite Mastermind, o The Intelligent Leader 4-Day Mastermind Immersion de quatro dias, além de uma série de premiados programas on-line de desenvolvimento da liderança. Também criou uma série de inovadoras avaliações de liderança e cultura, incluindo o Mattone Leadership Enneagram Inventory [MLEI – Inventário do Eneagrama de Liderança de Mattone], o 5 Cultures of Culture Assessment [5CCA – Avaliação das Cinco Culturas da Cultura] e o Cultural Transformation Readiness Assessment-40 [CTRA-40 – Avaliação da Prontidão para a Transformação Cultural].

Desde que reabriu sua empresa, em 2010, depois de 15 anos de vida corporativa, John Mattone busca concretizar a missão de ajudar os líderes atuais e futuros, bem como as organizações, a se tornar a melhor versão possível de si mesmos. Uma das maiores demonstrações do propósito central de John e da concretização de sua visão está em seus muitos empreendimentos filantrópicos, incluindo a criação de um fundo anual de bolsa de estudos em seu nome na Universidade da Flórida

Central, onde, em 1980, ele se formou em primeiro lugar da turma de mestrado em psicologia industrial e organizacional. A bolsa de estudos John Mattone Leadership & Coaching Scholarship é concedida anualmente a um estudante de mestrado ou doutorado promissor na área de coaching e liderança.

Desde 2011, John tem sido repetidamente reconhecido pela Globalgurus.org, Thinkers50, *Forbes*, CNN, Leaders Excellence, a revista *Leadership Excellence* de Warren Bennis, a HR.com, entre muitos outros canais de comunicação, como um dos melhores coaches executivos e palestrantes do mundo. Ele faz parte do corpo docente do MBA executivo da Universidade Atlântica da Flórida, onde também ministra seu popular curso Global Leadership Assessment & Development [GLAD – Avaliação e Desenvolvimento de Lideranças Globais]. Nesse curso, John treinou pessoalmente mais de 500 alunos de MBA executivo. Ele também faz parte do corpo docente da ZfU International Business School em Zurique e é um Senior Fellow da Hult International Business School, uma das faculdades de administração mais importantes do mundo.

Autor de nove livros, John escreveu três best-sellers: *Talent Leadership*, *Intelligent Leadership* e *Cultural Transformations*. Em 2017, seu blog foi eleito o blog de coaching executivo mais importante do mundo pela Feedspot. Artigos sobre seu trabalho foram publicados no *Wall Street Journal*, CNN, *Forbes*, *Fast Company*, *Businessweek*, na revista *Inc*, MarketWatch, Huffington Post, na revista *CEO*, na ChiefExecutive.net, na revista *CLO*, na revista *CIO*, *Globe and Mail*, *Harvard Business Review* e em muitos outros meios de comunicação internacionalmente respeitados.

Antes de trabalhar na área de coaching executivo, John atuou como presidente da Executive Development Associates (EDA), uma das mais importantes empresas de consultoria de lideranças do mundo. Ele é bacharel em gestão e comportamento organizacional pela Babson College e mestre em psicologia industrial e organizacional pela Universidade da Flórida Central.